SOZIALMANAGEMENT –
SOZIALWIRTSCHAFT

Band 6

Kristina Scheunert

Monetäre und nicht monetäre Anreize zur Mitarbeiterbindung

Möglichkeiten und Grenzen für gemeinnützige
Unternehmen

Tectum Verlag

Kristina Scheunert
Monetäre und nicht monetäre Anreize zur Mitarbeiterbindung
Möglichkeiten und Grenzen für gemeinnützige Unternehmen
Sozialmanagement – Sozialwirtschaft, Bd. 6

© Tectum – ein Verlag in der Nomos Verlagsgesellschaft, Baden-Baden 2024
ISBN 978-3-8288-4991-4
ePDF 978-3-8288-5133-7
ISSN 2751-353X

Umschlag: Tectum Verlag, unter Verwendung der Abbildung #150676433
von Archiwiz | www.shutterstock.com

Gesamtverantwortung für Druck und Herstellung
bei der Nomos Verlagsgesellschaft mbH & Co. KG

Printed in Germany

Besuchen Sie uns im Internet
www.tectum-verlag.de

Bibliografische Informationen der Deutschen Nationalbibliothek
Die Deutsche Nationalbibliothek verzeichnet diese Publikation
in der Deutschen Nationalbibliografie; detaillierte bibliografische
Angaben sind im Internet über http://dnb.d-nb.de abrufbar.

SOZIALMANAGEMENT – SOZIALWIRTSCHAFT

Herausgegeben von
Wilfried Gebhardt
und Julian Löhe

Vorwort

In Zeiten des Fachkräftemangels, der Sozialunternehmen aktuell sogar zunehmend dazu nötigt, soziale Dienstleistungen mangels Mitarbeiter*innen zur Gänze einzustellen, kommt den Themen Mitarbeiter*innenbindung und -gewinnung immense Bedeutung zu. In diesem Kontext fokussiert sich Frau Kristina Scheunert auf Sozialunternehmen als überwiegend gemeinnützige Unternehmen und geht der Frage nach, welche Anreize diesen Unternehmen heute überhaupt zur Mitarbeiter*innenbindung zur Verfügung stehen. Schnell fallen einem monetäre Anreize ein, aber können oder gar dürfen gemeinnützige Unternehmen diese überhaupt zur Motivierung und Bindung ihrer Mitarbeiter*innen einsetzen? Welche Möglichkeiten und Grenzen gibt es für „Gemeinnützige", aus monetären und auch nicht monetären Anreizen ein für Mitarbeiter*innen attraktives bedürfnisadäquates System zur Motivation und Bindung zu gestalten? Zur Beantwortung dieser drängenden Fragen wählt die Autorin mit „Zweckmäßigkeit" und „Legalität" zwei wohlüberlegte Kriterien, die zu guter Letzt eine Bewertung sowohl monetärer als auch nicht monetärer Anreize ermöglichen.

Zunächst aber definiert und erläutert Frau Scheunert sehr differenziert den Zusammenhang zwischen „Mitarbeiter*innenzufriedenheit" einerseits und „Fluktuation" – und damit dem Gegenpol von „Mitarbeiter*innenbindung" – andererseits. Die fixierte und die konstruktive Arbeitsunzufriedenheit werden im Weiteren nicht vertieft, da sie entgegen den Zielsetzungen der vorliegenden Ausarbeitung Fluktuation systematisch eher verstärken. Verfolgt werden vielmehr die Formen stabilisierender Arbeitszufriedenheit sowie resignativer und Pseudo-Arbeitszufriedenheit, um in Kombination mit den drei Bindungskomponenten „affektives", „normatives" und „kalkulatorisches Commitment" ein differenziertes, aussagekräftiges Bewertungssystem von monetären und nicht monetären Anreizen zu kreieren. Dabei ist bei jedweder Bewertung von Anreizen die Berücksichtigung der Individualität der Mitarbeiter*innen ein „Muss"! Zudem äußert sich die Autorin sehr fundiert und kenntnisreich zu „Gemeinnützigkeit und Gemeinnützigkeitsrecht" und damit zum Bewertungskriterium „Legalität".

„Anreizsysteme" entsprechen systematisch der „Summe aller im Wirkungsverbund bewusst gestalteten und aufeinander abgestimmten Stimuli". Frau Scheunert listet gleichermaßen differenziert wie kenntnisreich eine Vielzahl von monetären und nicht monetären Anreizen zur Motivation von Mitarbeiter*innen auf. Allein dies ist schon ein Schatz für Führungskräfte in der sozialwirtschaftlichen Praxis, die auf der Suche nach geeigneten Stimuli für ihre Mitarbeiter*innen sind! Darüber hinaus präsentiert die Autorin angesichts der Individualität von Anreizwirkungen verschiedene innerbetriebliche Maßnahmen zur Gewinnung von Informationen zur Anreiz(system)gestaltung: Dies kann beispielsweise ebenso durch regelmäßige Meinungsumfragen in der Belegschaft wie auch durch Mitarbeiter*innengespräche und Interviews zur Ermittlung von Motiven erfolgen.

Im Weiteren kommt Frau Scheunert zur Bewertung der von ihr zusammengestellten Anreize nach den bereits zu Beginn benannten Kriterien „Legalität" und „Zweckmäßigkeit". Es entwickelt sich eine gut nachvollziehbare, spannende Argumentation, aus der die regelmäßig angesprochenen „Crowding-In-" und vor allem „Crowding-Out-Effekte" noch einmal herausstechen: Während „Crowding-In-Effekte" zum Ausdruck bringen, dass externe Anreize, wie zum Beispiel Geld, und interne gemeinsam motivationsfördernd wirken können, betonen „Crowding-Out-Effekte", dass externe Anreize die intrinsische Motivation einer Person zu untergraben in der Lage sind.

Eine sehr gute, weil sehr leser*innenfreundliche Zusammenfassung der von Frau Scheunert erzielten Forschungsergebnisse bietet die abschließende substantiierte Tabelle „Überblick der Anreizmöglichkeiten für die Managementebene" (S. 105 f.). Insgesamt handelt es sich hier um eine sehr aussagekräftige übersichtliche Handreichung für Führungskräfte in der sozialwirtschaftlichen Praxis!

Köln, 07. Januar 2024   Prof. Dr. Wilfried Gebhardt

Meinem Mann

–

Ohne ihn wäre es nicht möglich gewesen.

Inhalt

Abkürzungsverzeichnis

Abs.	Absatz
AGB	Allgemeine Geschäftsbedingungen
AO	Abgabenordnung
ArbSchG	Arbeitsschutzgesetz
ArbZG	Arbeitszeitgesetz
BAG	Bundesarbeitsgericht
BetrAVG	Gesetz zur Verbesserung der betrieblichen Altersversorgung
BetrVG	Betriebsverfassungsgesetz
BFH	Bundesfinanzhof
BGB	Bürgerliches Gesetzbuch
d. h.	das heißt
ErbStG	Erbschaftsteuergesetz
EStG	Einkommensteuergesetz
et al.	und andere
f.	(die) folgende
ff.	(die) folgenden
GewStG	Gewerbesteuergesetz
Hrsg.	Herausgeber
InsO	Insolvenzordnung
i. S. d.	im Sinne des
i. V. m.	in Verbindung mit
KOFA	Kompetenzzentrum Fachkräftesicherung
KStG	Körperschaftsteuergesetz

MuSchG	Mutterschutzgesetz
Nr.	Nummer
Rn.	Randnummer
SEED	Skala der emotionalen Entwicklung-Diagnostik
SGB V	Sozialgesetzbuch Fünftes Buch
SROI	Social Return on Investment
StPO	Strafprozessordnung
TzBfG	Teilzeit- und Befristungsgesetz
UStG	Umsatzsteuergesetz
vGA	verdeckte Gewinnausschüttung
Vgl.	vergleiche

1. Einleitung

„Ich zahle nicht gute Löhne, weil ich viel Geld habe, sondern ich habe viel Geld, weil ich gute Löhne bezahle" (BOSCH Communications & Governmental Affairs, 2020, S. 4). Dieses Robert Bosch (* 23.9.1861, † 12.3.1942) zugeschriebene Zitat entstammt zwar einer industriellen Zeit, in der Mitarbeiter[1] noch überwiegend als Lohnempfänger und nicht als Mit-Arbeiter verstanden wurden und eine Sozialwirtschaft in Deutschland nur rudimentär ausgeprägt war. Gleichwohl hat der Kern des Zitats nicht nur für die klassische Industrie nichts von seiner Relevanz verloren. Auch soziale, nicht industrielle Unternehmen stehen heute vor der Herausforderung, wirtschaften zu müssen. Sie sind gefordert, die ihnen teils zugewiesenen, teils selbst geschaffenen Aufgaben mit knappen Ressourcen zu bewältigen. Das Knappheitsproblem umfasst dabei nicht allein das Kapital, also monetäre Mittel, und den Boden im Sinne von Standorten der Leistungserbringung, sondern betrifft zunehmend auch den volkswirtschaftlichen Produktionsfaktor Arbeit. Für gemeinnützige Unternehmen der Sozialwirtschaft ist es mittlerweile eine enorme Herausforderung, geeignetes und qualifiziertes Personal zu finden und zu halten. Waren für den – bereits sozial denkenden und handelnden – Industriellen Robert Bosch noch „gute Löhne" das Mittel der Wahl, um Mitarbeiter an sein Unternehmen zu binden, ist dies heute nur noch eine notwendige, aber

---

[1] Aus Gründen der besseren Lesbarkeit und entsprechend der Verwendung in Gesetzestexten wird in der vorliegenden Arbeit verallgemeinernd das generische Maskulinum verwendet.

nicht mehr hinreichende Bedingung für unternehmerischen Erfolg. Neben monetären Anreizen haben gemeinnützige Unternehmen die Möglichkeit, auch nicht monetäre Anreize gezielt zur Mitarbeiterbindung einzusetzen – nicht nur, aber auch, weil sie das Knappheitsproblem beim Kapital nicht noch zusätzlich verschärfen.

Die Arbeit wird sich daher sowohl mit monetären als auch nicht monetären Anreizen zur Mitarbeiterbindung in gemeinnützigen Unternehmen der Sozialwirtschaft beschäftigen. Ziel der Arbeit ist es, die Managementebene sozialwirtschaftlicher Unternehmen für die Vielfalt monetärer und nicht monetärer Anreize zu sensibilisieren und ihr im Sinne des Gemeinnützigkeitsrechts Handlungssicherheit bei der Implementierung der Anreize zu geben. Hierfür wird die Arbeit zunächst Arbeitshypothesen und Bewertungskriterien formulieren. Anschließend wird sie sich den notwendigen theoretischen Grundlagen der Mitarbeiterbindung widmen, wobei der Schwerpunkt auf der Arbeitszufriedenheit und den Arten der Mitarbeiterbindung liegen wird. Nachfolgend soll der rechtliche Rahmen, insbesondere die steuerrechtlichen Privilegien sozialwirtschaftlicher Unternehmen nach dem Gemeinnützigkeitsrecht, dargestellt werden. Dies ist notwendig, da das Gemeinnützigkeitsrecht einem zu freigiebigen Setzen von Anreizen Grenzen setzt. Nach der Darstellung des rechtlichen Rahmens analysiert die Arbeit im Rahmen der Anreizsysteme verschiedene Anreizarten und Anreizquellen, um im weiteren Verlauf zahlreiche konkrete monetäre und nicht monetäre Anreize auf ihre Relevanz für die Mitarbeiterbindung zu untersuchen. Anschließend sollen diese auf Grundlage der zu Beginn der Arbeit festgelegten Bewertungskriterien bewertet werden. Insgesamt möchte die Arbeit damit einen Beitrag zu einem zweckmäßigen, rechtskonformen und damit zeitgemäßen Managementhandeln in gemeinnützigen Unternehmen leisten.

1.1 Arbeitshypothesen

Mit dem Status der Gemeinnützigkeit sind für sozialwirtschaftliche Unternehmen verschiedene steuerliche und außersteuerliche Privilegien verbunden. Der dauerhafte Erhalt dieser Privilegien erfordert eine rechtskonforme Einhaltung der gemeinnützigkeitsrechtlichen Grenzen. Andernfalls droht im schlimmsten Fall die Aberkennung der Gemeinnützigkeit. Monetäre und nicht monetäre Anreize, die der Mitarbeiterbindung dienen sollen, müssen somit zwangsläufig innerhalb der gemeinnützigkeitsrechtlichen Grenzen gesetzt werden. Die Arbeit überprüft daher die folgenden Arbeitshypothesen:

- „Gemeinnützige Unternehmen sind in der Wahl von monetären und nicht monetären Anreizen aufgrund des Gemeinnützigkeitsrechts deutlich eingeschränkter als wirtschaftlich tätige Unternehmen."
- „Um ihren Status der Gemeinnützigkeit nicht zu gefährden, müssen sie primär auf nicht monetäre Anreize setzen, um Mitarbeiter langfristig an sich zu binden."
- „Nicht monetäre Anreize haben eine deutlich höhere Bindungswirkung als monetäre Anreize. Gemeinnützige Unternehmen sollten daher ihren Fokus grundsätzlich auf das Setzen von nicht monetären Anreizen legen."

1.2 Bewertungsgrundlagen

Im Rahmen der vorliegenden Arbeit werden Handlungsempfehlungen für das Management gemeinnütziger Unternehmen entwickelt. Diese beziehen sich auf die Möglichkeiten und Grenzen bei der Auswahl monetärer und nicht monetärer Anreize, welche die Bindung von Mitarbeitern fördern sollen und nach dem Gemeinnützigkeitsrecht zulässig sind. Bewertungsgrundlage ist damit die Zweckmäßigkeit der jeweiligen Anreize sowie ihre Legalität. Beide Begriffe werden im Folgenden zunächst definiert und dienen in Kapitel 5 „Bewertung

der Anreize nach Legalität und Zweckmäßigkeit" als Bewertungsdimensionen.

1.2.1 Zweckmäßigkeit

Die Bedeutung des Begriffs „Zweckmäßigkeit" wird im Duden allgemein mit „Nutzen" und „Zweck" angegeben. „Zweck" definiert der
Duden als „etwas, was jemand mit seiner Handlung beabsichtigt, zu
bewirken, zu erreichen sucht [sowie als] Beweggrund und Ziel einer
Handlung" (Cornelsen Verlag GmbH, Duden, 2023 a). Im juristischen Wörterbuch von Köbler findet sich eine spezifischere Definition. „**Zweckmäßigkeit** ist die Bewertung eines Verhaltens nach seiner Geeignetheit zur Erreichung eines Ziels." (Köbler, 2002, S. 591).
Die Bewertung der in Kapitel 4.4.1.2 und 4.4.2.2 vorgestellten monetären und nicht monetären Anreize erfolgt unter anderem nach dem
hier definierten Kriterium der Zweckmäßigkeit. Nur wenn ein Anreiz
zur Zielerreichung geeignet ist, also zur Förderung der Mitarbeiterzufriedenheit und damit letztlich zur Mitarbeiterbindung beiträgt,
ist er zweckmäßig.

1.2.2 Legalität

Die „Legalität" stellt neben der „Zweckmäßigkeit" das zweite
Bewertungskriterium der monetären und nicht monetären Anreize
dar. Legalität bedeutet Rechtmäßigkeit. Der Duden definiert Legalität als „Gesetzmäßigkeit (im Vorgehen, im Handeln); [sowie als] legale Beschaffenheit (von etwas)" (Cornelsen Verlag GmbH, Duden,
2023 b). Der vom Duden benutzte Begriff der Gesetzmäßigkeit wird
in der Definition von Köbler weiter differenziert. „**Legalität** ([for-
melle] Gesetzmäßigkeit) ist die Übereinstimmung eines Verhaltens
mit den Anforderungen der Rechtsordnung." (Köbler, 2002, S. 307).
Die Bewertung der monetären und nicht monetären Anreize erfolgt
somit auf Grundlage des aktuellen Rechtrahmens des Gemeinnützigkeitsrechts sowie der aktuellen Rechtsprechung in diesem Bereich.

2. Mitarbeiterbindung

Mitarbeiter sind für sozialwirtschaftliche Unternehmen das höchste Gut. Eine Leistungserbringung, die zum ganz überwiegenden Teil auf personenbezogenen Dienstleistungen beruht, ist ohne qualifizierte und engagierte Mitarbeiter nicht realisierbar. Gemeinnützige Unternehmen sind daher zunehmend gefordert, Ideen und Maßnahmen zu entwickeln, um Mitarbeiter langfristig an ihr Unternehmen zu binden und ihre wichtigste Ressource zu sichern. Im folgenden Kapitel wird neben der theoretischen Grundlage der Mitarbeiterbindung daher auch die Relevanz der Mitarbeiterbindung für gemeinnützige Unternehmen differenziert beleuchtet. Dieses Wissen ist notwendig, um im weiteren Verlauf der Arbeit die Wirkung monetärer und nicht monetärer Anreize hinsichtlich ihrer Zweckmäßigkeit auf die Mitarbeiterbindung beurteilen zu können. An dieser Stelle sei der ergänzende Hinweis erlaubt, dass eine langfristige Mitarbeiterbindung für Unternehmen durchaus auch negative Folgen haben kann. Eine geringe Fluktuation in der Mitarbeiterschaft kann dazu führen, dass kreative Innovationen ausbleiben und etablierte Prozesse nicht mehr überprüft und angepasst werden. Da die vorliegende Arbeit sich mit der Förderung der Mitarbeiterbindung durch monetäre und nicht monetäre Anreize auseinandersetzt, werden mögliche negative Folgen einer langfristigen Mitarbeiterbindung nicht weiter betrachtet.

2.1 Begriffsbestimmung und Abgrenzung

Wird über gezielte Maßnahmen beraten, die der Mitarbeiterbindung dienen sollen, so wird auch häufig über Mitarbeiterzufriedenheit gesprochen. Beide Ziele scheinen eng miteinander in Zusammenhang zu stehen und sich gegenseitig zu beeinflussen. An dieser Stelle muss zunächst eine definitorische Einordnung beider Begriffe erfolgen. Eine klare Abgrenzung ist notwendig, um ihre Wechselwirkung verstehen und die Zweckmäßigkeit verschiedener monetärer und nicht monetärer Anreize bewerten zu können.

2.1.1 Mitarbeiterzufriedenheit

Mitarbeiterzufriedenheit war in den letzten Jahrzehnten wiederholt Gegenstand des Forschungsinteresses verschiedener Wissenschaftsdisziplinen. Neben dem Forschungsgebiet der Psychologie haben sich auch die Personal- und Organisationsforschung sowie die Betriebswirtschaftslehre mit der Erklärung von Mitarbeiterzufriedenheit beschäftigt. Es existieren daher eine Vielzahl von Begriffsdefinitionen und Eingrenzungsversuchen. Stock-Homburg gibt einen detaillierten Überblick über die zeitliche Entwicklung des Forschungsinteresses sowie über ausgewählte Definitionsansätze der Mitarbeiterzufriedenheit. So hat das Forschungsgebiet der Psychologie in den fünfziger Jahren zunächst eine definitorische Eingrenzung verfolgt, während in den siebziger Jahren die Einflussgrößen auf die Mitarbeiterzufriedenheit in das Forschungsinteresse rückten. Parallel dazu wurden die unterschiedlichen Formen und Ausprägungen der Mitarbeiterzufriedenheit differenziert betrachtet (vgl. Stock-Homburg, 2012, S. 13 ff.).

Der Begriff Mitarbeiterzufriedenheit wird im Rahmen der vorliegenden Arbeit analog zu dem Begriff Arbeitszufriedenheit genutzt, welcher in der Literatur ebenfalls häufig Verwendung findet. Arbeitszufriedenheit steht für „Zufriedenheit mit einem gegebenen betrieblichen Arbeitsverhältnis" und muss von dem Begriff Berufszufriedenheit, welche als durchschnittliche Arbeitszufriedenheit eines Mitarbeiters bezeichnet werden kann, abgegrenzt werden (vgl. Bruggemann, Groskurth, & Ulich, 1975, S. 16).

Mit Hilfe ihrer Definitionsübersicht zeigt Stock-Homburg auf, dass sich in den unterschiedlichen Definitionen zwei wesentliche Elemente des Begriffs Mitarbeiterzufriedenheit herausgebildet haben. So gibt es einerseits eine emotionale Komponente in Form der Einstellung zur Arbeit, die positiv oder negativ ausfallen kann. Andererseits gibt es eine kognitive Komponente, die die Mitarbeiterzufriedenheit als Ergebnis eines Soll-Ist-Vergleichs darstellt. Stock-Homburg leitet aus den diversen Definitionen und der Notwendigkeit eines bislang fehlenden einheitlichen Begriffsverständnisses Mitarbeiterzufriedenheit definiert als *„Einstellung in Bezug auf das Arbeitsumfeld, die sich aus dem abwägenden Vergleich zwischen dem erwarteten Arbeitsumfeld (Soll) und dem tatsächlich wahrgenommenen Arbeitsumfeld (Ist) ergibt."* (Stock-Homburg, 2012, S. 18) ab. Neben Stock-Homburg verweist auch Drabe auf eine Definitionsvielzahl zur Mitarbeiterzufriedenheit und auf die Schwierigkeit, eine allgemeingültige Definition zu finden. Er fasst die Kernaussagen der verschiedenen Definitionen zusammen und definiert Mitarbeiterzufriedenheit als „Einstellung und Endprodukt einer Bewertung [...], die sowohl kognitive als auch emotionale Aspekte umfasst." (Drabe, 2014, S. 61). Beide Autoren greifen somit in ihren eigenen Definitionen die beiden Kernelemente „Einstellung zur Arbeit" sowie „Ergebnis eines Soll-Ist-Vergleichs" auf und verstehen Mitarbeiterzufriedenheit als ein Konstrukt aus diesen beiden Kernelementen.

Die vorliegende Arbeit folgt dem Verständnis von Stock-Homburg und Drabe. Mitarbeiterzufriedenheit ist mithin ein Konstrukt aus Arbeitseinstellung und Bewertung eines Soll-Ist-Vergleichs. Für Teilaspekte des in dieser Arbeit angenommenen Begriffsverständnisses waren die Arbeiten von Edwin A. Locke und Agnes Bruggemann (zusammen mit Peter Groskuth und Eberhard Ulich) grundlegend. Sie sollen hier ebenfalls Erwähnung finden, da sie ein tieferes Begriffsverständnis ermöglichen: „Job satisfaction is the pleasurable emotional state resulting from the appraisal of one's job as achieving or facilitating the achievement of one's job values." (Locke, 1969, S. 316). Die Definition der Arbeitszufriedenheit von Locke greift den emotionalen Zustand des Mitarbeiters bezogen auf seine Arbeitssituation auf

und kann daher der definitorischen Kategorie „Einstellung zur Arbeit"
zugeordnet werden. Bruggemann et al. verstehen Arbeitszufriedenheit
hingegen als Ergebnis eines Soll-Ist-Vergleichs: „Wir gehen davon aus,
dass sich situationsspezifische Bedürfnisse und Erwartungen heraus-
bilden, wenn ein Arbeitender erfährt, inwiefern die Merkmale der
Arbeitssituation seine allgemein gegebenen Bedürfnisse betreffen. Daraus ergibt sich ein mehr oder weniger bewusster Soll-Wert für konkrete
Befriedigungsmöglichkeiten aus dem Arbeitsverhältnis. Die tatsächlichen Befriedigungsmöglichkeiten entsprechen dem Ist-Wert." (Bruggemann, Groskurth, & Ulich, 1975, S. 132). Sie skizzieren insgesamt acht
unterschiedliche Ausprägungen der Arbeitszufriedenheit beziehungsweise -unzufriedenheit. Sofern der Abgleich des individuell wahrgenommenen Ist-Wertes mit dem individuellen Soll-Wert überein-
stimmt, also eine Befriedigung der Erwartungen vorliegt, sprechen
Bruggemann et al. von der „stabilisierenden Arbeitszufriedenheit".
Diese differenzieren sie weiter in die „progressive Arbeitszufriedenheit" – einer Erhöhung der individuellen Erwartungen – und die „stabilisierte Arbeitszufriedenheit" – gekennzeichnet durch das Bemühen
um Aufrechterhaltung der befriedigenden Arbeitssituation. Stellt der
Mitarbeiter hingegen bei seinem individuellen Vergleich des Ist-Wertes mit seinem Soll-Wert ein Defizit fest, entsteht eine „diffuse Arbeitsunzufriedenheit". Hier unterscheiden Bruggemann et al. vier weitere
Unterformen. Erfolgt ein Absenken der anfänglichen individuellen
Erwartungen, sprechen sie von „resignativer Arbeitszufriedenheit".
Ist eine Senkung des Erwartungsniveaus nicht möglich und tritt statt-
dessen eine Problemverdrängung und Verfälschung der Ist-Situation
ein, entwickelt sich die „Pseudo-Arbeitszufriedenheit". Die „konstruktive Arbeitsunzufriedenheit" entsteht hingegen, wenn auf der
Seite der Realität, durch individuelle Lösungs- und Verbesserungs-
versuche, Veränderung angestrebt wird. Als letzte Möglichkeit wird
die „fixierte Arbeitsunzufriedenheit" beschrieben. Der Mitarbeiter
unternimmt keine weiterführenden Lösungs- und Verbesserungs-
versuche und bleibt in seiner Unzufriedenheit verhaftet. (vgl. Bruggemann, Groskurth, & Ulich, 1975, S. 132 ff.).

Neuberger hielt 1974 fest, dass die Forschung zur Arbeitszufriedenheit nicht nur die Voraussetzungen für Zufriedenheit klären möchte, sondern auch mögliche Folgen und Konsequenzen von Arbeitszufriedenheit vorhersagen will (vgl. Neuberger, 1974, S. 140). Auch Bruggemann et al. erläutern nicht nur die Voraussetzungen für die Arbeitszufriedenheit, sondern verweisen zudem auf den positiven Zusammenhang zwischen Arbeitszufriedenheit und Fluktuationsquote: „Einer zunehmend positiven Entwicklung von AZ [Arbeitszufriedenheit] entspricht demzufolge eine Abnahme der Abkehr- und Fehlzeitenwahrscheinlichkeit." (Bruggemann, Groskurth, & Ulich, 1975, S. 138). Sie halten fest, dass die stabilisierende, stabilisierte und die progressive Arbeitszufriedenheit aufgrund ihrer positiven Valenz zum Arbeitsverhältnis der Fluktuationsentwicklung entgegenwirke. Die diffuse, fixierte und die konstruktive Arbeitsunzufriedenheit hätten aufgrund ihrer negativen Valenz zum Arbeitsverhältnis hingegen positive Auswirkungen auf die Fluktuationsentwicklung von Mitarbeitern. Bei der resignativen Arbeitszufriedenheit, welche eine relativ positive Valenz zum Arbeitsverhältnis aufgrund mangelnder Alternativen aufweise, sei die Fluktuationsentwicklung abhängig vom Arbeitsmarkt. Die Pseudo-Arbeitszufriedenheit führe hingegen auch zu einer negativen Fluktuationsentwicklung, da sie eine positive Valenz zum Arbeitsverhältnis durch Wahrnehmungsverzerrung aufweise (vgl. Bruggemann, Groskurth, & Ulich, 1975, S. 140 f.).

In der Gesamtschau lässt sich damit konstatieren, dass Mitarbeiterzufriedenheit sowohl durch individuelle Einstellungen als auch individuelle Bewertungen geprägt wird. Damit handelt es sich um einen dynamischen und veränderbaren Zustand, der zeitlich nicht zwingend einen überdauernden Langzeitbezug haben muss. Unternehmen können und sollten daher regelmäßig Einfluss auf die Mitarbeiterzufriedenheit nehmen und dadurch die Bindungsbereitschaft der Mitarbeiter fördern.

2.1.2 Mitarbeiterbindung

Die zuvor beschriebene Mitarbeiterzufriedenheit wird sowohl von Unternehmen als auch von Mitarbeitern angestrebt. Die Motive unterscheiden sich jedoch. Während die individuelle Arbeitszufriedenheit für die Mitarbeiter in der Regel das angestrebte Ziel ist, stellt sie für die Unternehmen meist nur einen Zwischenschritt zur Erreichung von Unternehmenszielen dar (vgl. Ferreira, 2020, S. 16). Eines dieser Unternehmensziele ist die Mitarbeiterbindung, die für Unternehmen zunehmend an Bedeutung gewinnt.

Für den Begriff der Mitarbeiterbindung oder auch Personalbindung ist in der Literatur, wie schon für die Mitarbeiterzufriedenheit, keine eindeutige und einheitliche Definition vorherrschend. Dies kann an der zweidimensionalen Betrachtungsweise liegen, die der Begriff zulässt:

Zum einen können mit dem Begriff jegliche Maßnahmen gemeint sein, die ein Unternehmen ergreift, um Mitarbeiter möglichst langfristig an den Arbeitgeber zu binden. So benennt Kanning drei Kernbereiche, in denen gezielte Maßnahmen zur Steigerung der Mitarbeiterbindung ansetzen können: „an den konkreten Inhalten eines Arbeitsplatzes, den Arbeitsbedingungen sowie der Art und Weise, wie die Mitarbeiter geführt werden." (Kanning, 2017, S. 3).

Zum anderen kann sich der Begriff Mitarbeiterbindung auch auf die Bindungsbereitschaft eines Mitarbeiters beziehungsweise auf die Stärke der Bindung eines Mitarbeiters an ein Unternehmen beziehen. Wunderer bezeichnet dies als das „psychologische Band" zwischen Mitarbeiter und Organisation. Hierfür wird in der Literatur häufig die Bezeichnung des „Organizational Commitments" verwendet. Wunderer versteht Commitment „als verhaltensstabilisierende Bindung oder Verpflichtung aus eigenem Entschluss [...]." (Wunderer, 2011, S. 140). Diese besondere Bindung und freiwillige Selbstverpflichtung führt nach Wunderer unter anderem zu engagiertem Mitarbeiterverhalten, welches sich auch negativ auf die Fluktuationsbereitschaft auswirkt. Das Risiko eines Arbeitgeberwechsel wird somit reduziert. Auch Schmid betont die positive Bedeutung organisationalen Commitments für die Mitarbeiterbindung. „Mit dem positiv an die Organisation gebundenen Mitarbeiter wird hohe Leistungsbereitschaft ebenso wie hohe Teilnahmebereitschaft in Form geringer Fehlzeiten und geringer Fluktuationsneigung verbunden." (Schmid, 2009, S. 23).

Für die vorliegende Arbeit sind beide Betrachtungsweisen der Mitarbeiterbindung von Bedeutung. Gemeinnützigen Unternehmen sollte bewusst sein, welche Bindungsarten von Seiten der Mitarbeiter an ein Unternehmen bestehen können, welche Merkmale für die jeweilige Bindungsart charakteristisch sind, welche Bindungsart für das Unternehmen förderlich ist sowie welche Faktoren und unternehmerische Maßnahmen ein hohes Commitment begünstigen können. Die unterschiedlichen Arten der Mitarbeiterbindung werden daher in Kapitel 2.3 detailliert vorgestellt. Erst mit diesem Wissen können Unternehmen gezielte Maßnahmen in Form von monetären und nicht monetären Anreizen auswählen und anbieten. Nur so kann ein Anreizsystem zur Mitarbeiterbindung beitragen und damit zweckmäßig sein.

2.2 Relevanz der Mitarbeiterbindung für gemeinnützige Unternehmen

Vielen Unternehmen dürfte mittlerweile bewusst sein, dass sie der Mitarbeiterbindung einen hohen Stellenwert einräumen müssen. Es reicht nicht mehr aus, den Fokus ausschließlich auf die Akquise geeigneter Mitarbeiter zu legen. Faktoren wie der Fachkräftemangel oder die demografische Entwicklung haben Einfluss auf die Personalsituation gemeinnütziger Unternehmen und liefern zentrale Argumente für die Notwendigkeit einer gezielten Mitarbeiterbindung. Hinzu kommen eine institutionenökonomische Relevanz von Mitarbeiterbindung sowie die volkswirtschaftliche Bedeutung gemeinnütziger Unternehmen. Mitarbeiterbindung ist somit nicht allein für ein Unternehmen selbst relevant.

2.2.1 Aktueller und prognostizierter Fachkräftemangel in der Sozialwirtschaft

Der Fachkräftemangel in Deutschland ist seit Jahren branchenübergreifendes Thema. Auch gemeinnützige Unternehmen, die der Sozialwirtschaft zuzuordnen sind, sind mehr und mehr davon betroffen. Dennoch gibt es keine eindeutige Datenlage zu dem Fachkräftemangel in diesem Sektor. Dies liegt vor allem daran, dass verfügbare statistische Daten unterschiedliche Abgrenzungen zwischen Berufsgruppen und Handlungsfeldern vornehmen und häufig unterschiedlicher Herkunft sind. Um den Bereich der Sozialwirtschaft näher fassen und verfügbare statistische Daten zuordnen zu können, ist zunächst eine Definition der Sozialwirtschaft notwendig: „Die Sozialwirtschaft […] bezeichnet einen Bereich des Wirtschaftens, in dem das individuelle und gemeinsame Wohlergehen von Menschen unmittelbar und direkt das Sachziel der Betätigung ist. Institutionell sind die Organisationen, sozialen Dienste, Einrichtungen und anderen Unternehmen gemeint, die zu sozialen Zwecken betrieben werden. […] Funktional bedeutet Sozialwirtschaft die Art und Weise, in der man die Aufgaben in diesem Bereich zu erfüllen sucht: nicht primär erwerbs- und gewinnorientiert, sondern in Deckung eines humanen Bedarfs, gemeinschaftlich und demokratisch betrieben und, soweit gemeinnützig veranstaltet, auch öffentlich zu verantworten." (Wendt, 2022, S. 870).

Schneider und Schönauer haben für die Ermittlung des Fachkräftemangels in der Sozialwirtschaft Daten der Bundesagentur für Arbeit zum Fachkräftebedarf ausgewertet. Für den Bereich „Erziehung, Sozialarbeit, Heilerziehungspflege" ist die Zahl der gemeldeten vakanten Stellen im Vergleich der Jahre 2012 und 2019 um 87,2 Prozent gestiegen. In absoluten Zahlen bedeutet dies einen Anstieg von 11.778 freien Stellen im Jahr 2012 auf 22.052 freie Stellen im Jahr 2019. Im Berufsfeld der „Altenpflege" hat es im gleichen Zeitraum einen Anstieg von 21,5 Prozent, von 9.624 auf 11.697 freie Stellen, gegeben. Auch die gestiegenen Vakanzzeiten, also der Zeitraum zwischen Meldung und Besetzung einer freien Stelle, lassen einen zunehmenden Fachkräftebedarf erkennen. Im Handlungsfeld „Erziehung, Sozialarbeit, Heilerziehungspflege" ist die in Tagen angegebene Vakanzzeit von 47 Tagen im Jahr 2012 auf 76 Tage im Jahr 2019 angestiegen – eine Steigerung um 61,7 Prozent. Im Bereich der „Altenpflege" konnte eine Steigerung um 67,4 Prozent ermittelt werden (vgl. Schneiders & Schönauer, 2022, S. 360 f.).

Das KOFA ermöglicht über eine interaktive Deutschlandkarte das Filtern der Arbeitsmarktsituation in den einzelnen Arbeitsagenturbezirken. Hierbei wird zwischen den Anforderungsniveaus „Fachkräfte" (mit mindestens zweijähriger Berufsausbildung), „Spezialisten" (Fachschulabschluss, Bachelorabschluss ohne Berufserfahrung) und „Experten" (Bachelorabschluss mit Berufserfahrung, Master oder Diplom) unterschieden. Das KOFA verweist nicht ausschließlich auf offene Stellen einzelner Berufsgruppen in den einzelnen Regionen, sondern gibt vielmehr die Fachkräftelücke an. Dies ist die Anzahl der offenen Stellen abzüglich der Arbeitslosen, die eine Stelle in diesem Beruf suchen. Für die Monate Juli 2021 bis Juni 2022 ergab sich im Jahresdurchschnitt für Berufe in der Sozialarbeit und Sozialpädagogik eine bundesweite Fachkräftelücke von 20.578. Dieser Wert ergab sich aus 26.494 gemeldeten unbesetzten Stellen und einer Arbeitslosenzahl von 5.916 in diesem Berufsfeld. Der Wert bezog sich zudem auf das Anforderungsniveau der Experten. Für das Berufsfeld Heilerziehungspflege und Sonderpädagogik lag die Fachkräftelücke von Spezialisten bei 3.603. Das Handlungsfeld der Kinderbetreuung und -erziehung kommt auf eine Fachkräftelücke von 20.466 Spezialisten (vgl. KOFA, 2023).

Auch Statista hat im Juni 2023 eine Statistik der Berufsgruppen mit den meisten offenen Arbeitsstellen 2023 am ersten Arbeitsmarkt in Deutschland veröffentlicht. Diese stützt den zuvor aufgezeigten Trend des zunehmenden Fachkräftemangels in der Sozialwirtschaft. Die Statistik bezieht sich auf gemeldete Daten der Bundesagentur für Arbeit aus Mai 2023. Im Bereich „Erziehung und soziale Berufe" waren 37.000 offene Stellen gemeldet (vgl. Rudnicka, statista, 2023 a). Vergleicht man diesen Wert mit den Daten aus 2019 von Schneiders und Schönauer für den Bereich „Erziehung, Sozialarbeit, Heilerziehungspflege" lässt sich ein weiterer Anstieg erkennen. An dieser Stelle wird die erschwerte Vergleichbarkeit der Daten deutlich, da hier keine einheitliche Abgrenzung beziehungsweise Zuordnung der Berufs- und Handlungsfelder erfolgt. Die Tendenz des zunehmenden Fachkräftemangels ist über die Entwicklung der letzten Jahre dennoch erkennbar. Die Daten von KOFA weisen zudem nach, dass nicht genügend arbeitssuchende Fachkräfte, Spezialisten und Experten vorhanden sind, um den aktuellen Bedarf vakanter Stellen zu decken. Entstehende Vakanzen können zum Teil gar nicht oder nur nach langer Vakanzzeit nachbesetzt werden. Ein zukünftig geringerer Anstieg oder gar Rückgang des Fachkräftebedarfs in der Sozialwirtschaft ist in den kommenden Jahren nicht zu erwarten. Auch die demografische Entwicklung in Deutschland legt einen weiter wachsenden Bedarf an Fachkräften nahe. Unternehmen der Sozialwirtschaft müssen daher ein zunehmendes Interesse an der Mitarbeiterbindung entwickeln und sind gefordert, legale und zweckmäßige Anreize für die Mitarbeiterbindung zu nutzen.

2.2.2 Demografische Entwicklung

Laut Statistischem Bundesamt lag im Jahr 2000 die Bevölkerungszahl in Deutschland bei 80,8 Millionen Menschen. Aktuell leben rund 84,3 Millionen Menschen in Deutschland (vgl. Statistisches Bundesamt (Destatis), 2023 a). Das sind im direkten Vergleich 3,5 Millionen Menschen mehr und lässt zunächst vermuten, dass der Bevölkerungszuwachs positive Auswirkungen auf die Zahl der Menschen im erwerbsfähigen Alter hat. Der demografische Wandel, der die Veränderung der Zusammensetzung der Bevölkerung beschreibt, zeichnet jedoch in den letzten Jahrzehnten wie auch in der Prognose ein anderes Bild. Geburten, Sterbefälle und die Differenz zwischen Zu- und Fortzügen sind die Komponenten, die direkten Einfluss auf die Bevölkerungszahlen nehmen und somit auch auf die Zusammensetzung der Bevölkerung.

Bereits seit den siebziger Jahren liegt die Sterberate über der Geburtenrate. Es sterben jährlich mehr Menschen als Kinder geboren werden. Lediglich das positive Wanderungssaldo, mehr Zuzüge nach Deutschland als Fortzüge aus Deutschland, lässt die Bevölkerungszahl in Deutschland bis heute weiter steigen (vgl. Statistisches Bundesamt (Destatis), 2023 a). Das Verhältnis von Geburten zu Sterbefällen sowie die steigende Lebenserwartung und die damit einhergehende wachsende Zahl an Senioren führen dazu, dass die Zahl der Menschen im erwerbsfähigen Alter trotz steigender Bevölkerungszahl zunehmend sinkt. Im Jahr 2018 waren 51,8 Millionen Menschen in Deutschland im erwerbsfähigen Alter. Das Statistische Bundesamt prognostiziert, dass bis zum Jahr 2035 die Zahl der erwerbsfähigen Bevölkerung um rund 4 bis 6 Millionen auf 45,8 bis 47,4 Millionen sinken wird (vgl. Statistisches Bundesamt (Destatis), 2023 b). Von den 51,8 Millionen Menschen im erwerbsfähigen Alter im Jahr 2018 haben sich lediglich rund 45 Millionen in einer Erwerbstätigkeit befunden. Davon waren knapp 33 Millionen Menschen sozialversicherungspflichtig beschäftigt (vgl. Statistisches Bundesamt (Destatis), 2023 c). Aus den Daten wird zwar die absolute Zahl der Erwerbstätigen deutlich, allerdings findet hier keine Differenzierung zwischen Voll- und Teilzeitbeschäftigung statt. Auch diese Zahlen werden aufgrund der demografischen Entwicklung weiter sinken. Es wird perspektivisch immer weniger Menschen geben, die dem Arbeitsmarkt zur Verfügung stehen. Im Gegenzug wird der steigende Altersquotient in den kommenden Jahren gerade im Bereich der Sozialwirtschaft weiteren Bedarf an Fachkräften für die medizinische Versorgung, ambulante und stationäre Altenpflege und haushaltsnahe Dienstleistungen generieren. Bereits heute können Berufsfelder der Sozialwirtschaft aufgrund der bestehenden Fachkräftelücke Vakanzen nur schwer oder gar nicht nachbesetzen. Die prognostizierte Zuspitzung dieser Situation in den kommenden Jahren verdeutlicht, wie erforderlich eine Bindung qualifizierter Mitarbeiter in der Sozialwirtschaft ist.

2.2.3 Institutionenökonomische Relevanz von Mitarbeiterbindung

Für gemeinnützige Unternehmen, die in der Regel personelle Dienstleistungen erbringen, sind ihre Mitarbeiter eine ihrer wertvollsten Ressourcen. Es ist daher nicht nur wichtig, qualifizierte und motivierte Mitarbeiter für die Arbeit der Organisation zu finden, sondern diese auch möglichst langfristig an das Unternehmen zu binden. Auch aus institutionenökonomischer Sicht sollte die Mitarbeiterbindung in den Fokus unternehmerischer Zielsetzung rücken. Jede Nachbesetzung einer vakant gewordenen Stelle generiert Transaktionskosten, vorrangig sogenannte Fluktuationskosten. Sie bindet zeitliche und personelle Ressourcen. Die erneute Ausschreibung der Stelle auf diversen Jobportalen, die Sichtung der Bewerbungsunterlagen, die Einladung von Bewerbern und die mögliche Übernahme ihrer Anreisekosten bis hin zum Bewerberauswahlverfahren kosten das Unternehmen Geld. Es entstehen direkte Kosten, die das Ausscheiden eines Mitarbeiters mit sich bringen. Daneben können auch Aufwendungen für eventuelle Abfindungen des ehemaligen Mitarbeiters, der Einsatz eines Head-Hunters, die Einarbeitung und die Ausstattung des individuellen Arbeitsplatzes zu den direkten Kosten fehlender Mitarbeiterbindung gezählt werden (vgl. Stührenberg, 2004, S. 38).

Neben den direkten Kosten führt Stührenberg auch indirekte Kosten an. So droht bei einem Ausscheiden eines Mitarbeiters auch immer der Wegfall einzelner Kunden, es kommt zu Leistungs- beziehungsweise Produktionseinbrüchen und zum Verlust von Fach- und Expertenwissen. Auch der möglicherweise fehlende „Return on Investment" bei getätigten Mitarbeiterinvestitionen muss den indirekten Kosten zugerechnet werden (vgl. Stührenberg, 2004, S. 39). Sofern die restlichen Arbeitnehmer durch Mehrarbeit oder durch die Übernahme zusätzlicher Aufgaben den Wegfall des Mitarbeiters kompensieren, kann sich dies negativ auf ihre Arbeitszufriedenheit und damit auch auf ihre Bindungsqualität auswirken. Je nach Qualifikation des Mitarbeiters, seinem Expertenwissen und seiner Stellenposition im Gesamtgefüge der Organisation sind die direkten und indirekten Fluktuationskosten unterschiedlich hoch. Damit einher geht auch ein unterschiedliches Interesse des Arbeitgebers an der Mitarbeiterbindung. „Das Interesse des Arbeitgebers an einer Personalbindung ist im Wesentlichen vom Mitarbeiterpotenzial abhängig. Je besser das Mitarbeiterpotenzial, desto stärker ist sein [des Arbeitgebers] Interesse an einer Personalbindung." (Pepels, 2004, S. 52).

2.2.4 Volkswirtschaftliche Bedeutung gemeinnütziger Unternehmen

Gesicherte Aussagen über die volkswirtschaftliche Bedeutung gemeinnütziger Unternehmen sind aufgrund der unklaren Zuordnung in der volkswirtschaftlichen Gesamtrechnung sowie der fehlenden exakten Datenlage nur schwer möglich. Leistungen im Bereich des Sozialwesens werden sowohl von staatlichen, privat-gewerblichen als auch von Nonprofit-Organisationen erbracht, wobei die Nonprofit-Organisationen in der volkswirtschaftlichen Gesamtrechnung nicht als eigene Kategorie vorkommen (vgl. Zimmer & Paul, 2018, S. 103). Die statistischen Angaben bezüglich der Verteilung der Bruttowertschöpfung in Deutschland nach Wirtschaftszweigen im Jahr 2022 machen dies deutlich. So werden öffentliche und private Dienstleister sowie die Bereiche Erziehung und Gesundheit zu einem Wirtschaftszweig zusammengefasst. Der Anteil dieses Wirtschaftszweiges an der gesamten Bruttowertschöpfung lag im Jahr 2022 bei 18,8 Prozent und machte damit den zweitstärksten Wirtschaftszweig aus (vgl. Rudnicka, 2023 b). Eine Differenzierung nach staatlichen Organisationen, Nonprofit-Organisationen oder privat-gewerblichen Unternehmen fehlt hier jedoch. Dennoch wird zumindest die Tendenz deutlich, dass der Bereich der Sozialwirtschaft mit einem nicht unbeachtlichen Anteil zu der Bruttowertschöpfung in Deutschland beiträgt.

Eine weitere Eingrenzung der volkswirtschaftlichen Bedeutung gemeinnütziger Unternehmen lässt sich der Analyse von Rosenski „Die wirtschaftliche Bedeutung des Dritten Sektors", herausgegeben vom Statistischen Bundesamt im Jahr 2012, entnehmen. So „wurden im Jahr 2007 in Deutschland insgesamt rund 2.181 Milliarden Euro an Bruttowertschöpfung erwirtschaftet. Der Dritte Sektor hat mit gut 89 Milliarden Euro Wirtschaftsleistung dazu beigetragen. Gemessen am Bruttoinlandsprodukt beziehungsweise der gesamten Bruttowertschöpfung in Deutschland waren dies 4,1 %. Dies entspricht ungefähr der im Jahr 2007 erzielten Bruttowertschöpfung des Fahrzeugbaus oder auch der des Baugewerbes." (Rosenski, 2012, S. 217). Zwar sind die aufgeführten Daten gut 16 Jahren alt, durch die zugrunde gelegte Definition des Dritten Sektors – formal organisiert, getrennt vom Staat, nicht gewinnorientiert, selbstverwaltend und von Freiwilligkeit geprägt – (vgl. Rosenski, 2012, S. 210) ist aber eine deutlich trennschärfere Eingrenzung auf gemeinnützige Unternehmen erkennbar.

Neben der statistisch erfassten Wertschöpfung, also des Beitrags der Sozialwirtschaft an der deutschen Bruttowertschöpfung, muss auch der

„Social Return on Investment" (SROI) bei der Betrachtung der volkswirtschaftlichen Bedeutung von gemeinnützigen Unternehmen berücksichtigt werden. Die Wertschöpfung der Sozialwirtschaft besteht eben
nicht nur aus dem „Produktionsbetrieb", also den monetären Wirkungs-
aspekten, sondern auch aus der kundenbezogenen Wertschöpfung,
dem sozialen „Mehrwert" der Leistung. Dieser wird statistisch nicht
erfasst (vgl. Schellberg, 2010, S. 2). Die Berücksichtigung des „Social
Return on Investments" ist notwendig, um zu verdeutlichen, dass sich
die volkswirtschaftliche Bedeutung von gemeinnützigen Unternehmen
aus den beiden Faktoren der statistisch erfassten Wertschöpfung und
dem gesellschaftlichen Mehrwert ergibt. Gemeinnützige Unternehmen
im Rahmen der Sozialwirtschaft sind somit wichtige Akteure im Wirt-
schaftsleben. Sowohl die Unternehmen selbst als auch die deutsche
Gesellschaft insgesamt müssen ein hohes Interesse an einer Mitarbeiterbindung in diesem Wirtschaftszweig haben.

2.3 Arten von Mitarbeiterbindung

Die vorausgehenden Unterkapitel haben die Relevanz der Mitarbeiterbindung für Unternehmen aus verschiedenen Blickwinkeln beleuchtet.
Sie haben verdeutlicht, dass die Bindung von Mitarbeitern immer
mehr an Bedeutung gewinnt und Unternehmen daher Strategien und
Maßnahmen entwickeln müssen, um Mitarbeiter an sich zu binden.
Damit monetäre und nicht monetäre Anreize zur Mitarbeiterbindung
beitragen und entsprechend ihrer Zweckmäßigkeit ausgewählt werden, müssen Unternehmen die Charakteristika und Wirkungen der
unterschiedlichen Arten der Mitarbeiterbindung kennen.

Die Erklärungsansätze für die Entstehung von Commitment gehen
nach Schüßler und Weller auf zwei Forschungstraditionen zurück: dem
verhaltensbezogenen und dem einstellungsbezogenen Ansatz. Der
verhaltensbezogene Ansatz führt irreversible Kosten als Bindungs-
ursache an. „Die Bezeichnung `verhaltensbezogener Ansatz´ leitet sich
aus der Vorstellung ab, dass die Bindung an die Organisation durch
vergangenes Entscheidungsverhalten und die eingetretenen Konse-

quenzen verstärkt wird, unter anderem weil die Freiheitsgrade für zukünftige Entscheidungen eingeschränkt sind." (Schüßler & Weller, 2017, S. 235). Damit wird Commitment als eine Bindung an Verhalten oder Handlungen verstanden. Dem gegenüber steht der einstellungsbezogene Ansatz, der von Reischl als „konsistentes Verhalten anhand von psychischen Dispositionen, die sich über Beeinflussung von inneren Prozessen (Denken, Lernen, etc.) sowie exogenen Faktoren (z. B. Arbeitserfahrungen, Meinungen von anderen Personen) entwickeln" (Reischl, 2008, S. 10) beschrieben wird. Die Einstellung, die ein Mitarbeiter gegenüber seinem Arbeitgeber empfindet, basiert somit auf der gemeinsamen Kongruenz von Wertvorstellungen und Interessen.

Meyer und Allen haben 1991, aufbauend auf den beiden Forschungstraditionen der Verhaltens- und Einstellungsbindung, die „Three-component conceptualization of organizational commitment" entwickelt. Sie gehen davon aus, dass die Mitarbeiterbindung als psychologischer Zustand drei unterschiedliche Komponenten aufweist. Diese können als affektives, normatives und kalkulatorisches Commitment bezeichnet werden. Den Komponenten ist gemein, dass sie einerseits die Beziehung des Mitarbeiters zu der Organisation charakterisieren und andererseits seine Entscheidung beeinflussen, dem Unternehmen treu zu bleiben oder nicht. Meyer und Allen vertreten die Ansicht, dass es sich um Bindungskomponenten und nicht um Bindungsarten handelt. Die Bindung eines Mitarbeiters kann somit nicht einer konkreten Bindungsart zugeordnet werden, sondern durchaus verschiedene Anteile der unterschiedlichen Bindungskomponenten aufweisen. (vgl. Meyer & Allen, 1991, S. 67). Die unterschiedlichen Ausprägungen und Entstehungsursachen der drei Bindungskomponenten werden im Folgenden vorgestellt.

2.3.1 Affektives Commitment

Mitarbeiter mit einem hohen Maß an affektivem Commitment empfinden eine emotionale Bindung an das Unternehmen. Sie beruht auf einer Identifikation mit dem Unternehmen. „Affective commitment refers to the employee's emotional attachment to, identification with, and involvement in the organization." (Meyer & Allen, 1991, S. 62).

Für die Entstehung von affektivem Commitment ist die Werte-kongruenz zwischen Mitarbeiter und Unternehmen von zentraler Bedeutung. Über diese Wertekongruenz identifiziert sich der Mit-arbeiter mit dem Unternehmen. Er verspürt den Wunsch, in diesem zu verbleiben. Positive Arbeitserfahrungen verstärken ebenfalls die emotionale Verbundenheit und Identifikation. Affektiv gebundene Mitarbeiter arbeiten in der Regel auf den Erfolg der Organisation hin, da sie sich damit konform zu ihren eigenen Werten verhalten (vgl. Fittkau & Reinhardt, 2023, S. 34 f.). Das affektive Commitment ist aus Sicht des Unternehmens förderlich und sollte folglich mit aus-gewählten monetären und nicht monetären Anreizen durch das Unter-nehmensmanagement gefördert werden.

Fittkau und Reinhardt beschreiben verschiedene Faktoren, die auf alle drei Bindungskomponenten unterschiedlich Einfluss nehmen können. So können die Faktoren sowohl positiven als auch negati-ven Einfluss auf die jeweilige Bindungskomponente haben. Fittkau und Reinhardt unterscheiden die vier Einflusskategorien „Persön-lichkeitsmerkmale/individuelle Merkmale", Arbeits-/Organisations-merkmale", „Rollenmerkmale" und „Führungsmerkmale/Team-/Führungsbeziehungen". In der Kategorie „Persönlichkeitsmerkmale/individuelle Merkmale" können sich Faktoren wie die Wertekongruenz zwischen Mitarbeiter und Unternehmen, die organisationale Vision, finanzielle Anreize sowie die selbst wahrgenommene Kompetenz des Mitarbeiters positiv auf die Entstehung affektiven Commitments aus-wirken. Organisationale Unterstützung, eine subjektive positive Wahr-nehmung von Führung und Partizipation sowie die Autonomie des Mitarbeiters werden als positive Einflussfaktoren in der Kategorie „Arbeitsmerkmale/Organisationsmerkmale" beschrieben. Rollen-konflikte und eine Rollenüberlastung wirken sich hingegen im Bereich „Rollenmerkmale" negativ auf das affektive Commitment aus. Bei den „Führungsmerkmalen/Team-/Führungsbeziehungen" sind wiederum eine positive, transparente und zeitnahe Kommunikation, ein parti-zipativer und ein transformationaler Führungsstil und die Verdeut-lichung der Arbeitsinterdependenz positive Einflussfaktoren (vgl. Fitt-kau & Reinhardt, 2023, S. 38).

2.3.2 Normatives Commitment

Meyer und Allen benennen als ein zentrales Kennzeichen von normativem Commitment, dass Mitarbeiter eine moralische Verpflichtung verspüren, bei dem Unternehmen zu bleiben. „Employees with a high level of normative commitment feel that they ought to remain in the organization." (Meyer & Allen, 1991, S. 67). Der Ursprung für das Gefühl der Verpflichtung und für die Entstehung normativen Commitments sind Sozialisationserfahrungen, die vor oder nach dem Eintritt in die Organisation gemacht werden. Erfahrungen vor dem Beschäftigungsbeginn beschreibt Fittkau als normativen Druck, den ein Individuum durch sein soziales Umfeld wie Eltern, Freunde und die Gesellschaft erfährt und internalisiert. Hieraus kann ein allgemeines Gefühl der Verpflichtung gegenüber der Organisation sowie die moralische Verpflichtung, in dieser zu verbleiben, resultieren. Die zweite Sozialisationserfahrung, die während der Tätigkeit in dem Unternehmen entsteht, kann aufgrund der erlebten kollegialen Beziehungen normativen Druck erzeugen. Auch dies kann zu der moralischen Verpflichtung der Unternehmenstreue führen (vgl. Fittkau & Reinhardt, 2023, S. 36).

Ein weiterer Aspekt für die Entstehung normativen Commitments kann in der „Austauschideologie" begründet liegen. Erfährt ein Mitarbeiter besondere Gefälligkeiten oder Vergünstigungen durch das Unternehmen, oder nimmt dieses erhebliche Kosten für seine Beschäftigung auf sich, kann dies das Gefühl der zu erbringenden Gegenleistung erzeugen. Erst das Begleichen der erlebten „Schuld" führt zu der inneren Erlaubnis, das Unternehmen verlassen zu dürfen (vgl. Meyer & Allen, 1991, S. 72).

Fittkau und Reinhardt beschreiben im Bereich „Persönlichkeitsmerkmale/individuelle Merkmale", dass eine Wertekongruenz zwischen Mitarbeiter und Arbeitgeber, organisationale Visionen sowie finanzielle Anreize die Wirkung auf normatives Commitment positiv beeinflussen können. Gleiches gilt im Bereich „Arbeitsmerkmale/Organisationsmerkmale". Hier wirken sich beispielsweise organisationale Unterstützung, organisationale Gerechtigkeit und eine herausfordernde Arbeit positiv auf das normative Commitment aus. Im

Bereich „Führungsmerkmale/Team-/Führungsbeziehungen" sind hingegen ein partizipativer Führungsstil und eine positive, transparente und zeitnahe Kommunikation positive Einflussfaktoren auf die Entstehung normativen Commitments (vgl. Fittkau & Reinhardt, 2023, S. 38).

2.3.3 Kalkulatorisches Commitment

Das kalkulatorische Commitment ist geprägt durch eine Kosten-Nutzen-Abwägung des Arbeitnehmers. Mitarbeiter bewerten einerseits, welche individuellen Vorteile sie durch einen Verbleib im Unternehmen haben. Diese wägen sie andererseits mit ihren individuellen Kosten ab, welche durch einen Jobwechsel entstehen würden. Die Kosten können sich zum einen direkt auf die Organisation beziehen, also welche Sicherheiten oder Annehmlichkeiten durch einen Arbeitgeberwechsel entfallen würden. Weiter können auch nicht direkt organisationsbezogene Kosten, wie Umzugskosten oder Einflüsse auf das Privat- und Familienleben, in die Kosten-Nutzen-Abwägung einbezogen werden (vgl. Fittkau & Reinhardt, 2023, S. 35).

Meyer und Allen bezeichnen das kalkulatorische Commitment auch als „Continuance Commitment", also als Fortsetzungs- oder Fortführungsverpflichtung. Sie halten fest, dass alle Maßnahmen, welche die mit dem Verlassen einer Organisation verbundenen Kosten erhöhen, das Potential haben, eine Fortsetzungsverpflichtung zu generieren. Einer Fluktuation des Mitarbeiters wird damit entgegengewirkt. Gleichwohl erzeugen potenzielle Kosten nur dann eine kalkulatorische Bindung, wenn sie von dem Mitarbeiter erkannt und wahrgenommen werden. „Regardless of how they come into being, however, potential costs of leaving will only produce continuance commitment if, and when, they are recognized." (Meyer & Allen, 1991, S. 77).

Für die Entstehung des kalkulatorischen Commitments führen Fittkau und Reinhardt ebenfalls verschiedene positive Wirkfaktoren auf. Das subjektive Investment in die Organisation, die Dauer der Organisationszugehörigkeit sowie finanzielle Anreize im Bereich „Persönlichkeitsmerkmale/individuelle Merkmale" können positive Auswirkungen auf das kalkulatorische Commitment haben. In der

Kategorie „Arbeitsmerkmale/Organisationsmerkmale" werden unter anderem den Faktoren herausfordernde Arbeit und Autonomie positive Wirkungen auf das kalkulatorische Commitment zugeschrieben. Weiter erzeugen eine positive, transparente und zeitnahe Kommunikation, ein partizipativer Führungsstil sowie Initiative, Struktur und Aufmerksamkeit eine positive Bindung im Bereich „Führungsmerkmale/ Team-/Führungsbeziehungen" (vgl. Fittkau & Reinhardt, 2023, S. 38).

Am Beispiel des kalkulatorischen Commitments verdeutlichen Meyer und Allen, dass Mitarbeiter durchaus, wenn auch in unterschiedlicher Ausprägung, Anteile von allen drei Bindungskomponenten aufweisen können. So kann ein hohes Maß an kalkulatorischem Commitment ausreichend sein, damit der Mitarbeiter im Unternehmen verbleibt. Ein geringes Maß an kalkulatorischem Commitment führt hingegen nicht zwangsläufig zum Verlassen der Organisation. Auch bei einem geringen Bleibebedürfnis nach einer Kosten-Nutzen-Abwägung kann der Mitarbeiter aufgrund seines Wunsches (affektives Commitment) oder seiner erlebten Verpflichtung (normatives Commitment) in dem Unternehmen verbleiben (vgl. Meyer & Allen, 1991, S. 74).

2.4 Wechselbeziehung zwischen Mitarbeiterzufriedenheit und Mitarbeiterbindung

In dem Kapitel 2.1.1 „Mitarbeiterzufriedenheit" wurde bereits auf den von Bruggemann et al. festgestellten Zusammenhang von Arbeitszufriedenheit und Fluktuationsentwicklung eingegangen: „[...] hat das Arbeitsverhältnis eine positive Valenz, so gibt es keinen Anlass, extrem ausgeprägtes Aversionsverhalten einzusetzen, d. h. zu kündigen." (Bruggemann, Groskurth, & Ulich, 1975, S. 138 f.). Auch Pepels misst der Mitarbeiterzufriedenheit eine hohe Relevanz für die Mitarbeiterbindung zu. Er führt ausschließlich drei Gründe für einen Arbeitgeberwechsel an. So können erstens Änderungen im Lebensumfeld des Mitarbeiters, wie veränderte familiäre Bedingungen, und zweitens die Suche nach Abwechslung zur Fluktuation des Mitarbeiters führen. Die Unzufriedenheit am Arbeitsplatz ist nach Pepels schließlich die dritte Größe, welche Mitarbeiter zu einem Arbeitgeberwechsel veranlassen kann. Anders als bei den ersten beiden Kriterien, kann und sollte der Arbeitgeber auf die Arbeitsunzufriedenheit direkten Einfluss nehmen, um so möglichen Fluktuationsgedanken des Arbeitnehmers entgegenwirken zu können (vgl. Pepels, 2004, S. 52 f.).

Dennoch ist festzuhalten, dass Mitarbeiter, die mit ihrer Arbeitssituation zufrieden sind, jedoch überwiegend Komponenten des kalkulatorischen Commitments aufweisen, das Unternehmen vermutlich verlassen, sofern sich eine attraktive Alternative ergibt. Umgekehrt genauso: Mitarbeiter mit hohen affektiven und normativen Commitmentanteilen bleiben dem Unternehmen vermutlich auch dann treu, wenn unzureichende Arbeitsplatzbedingungen zu einer Unzufriedenheit führen.

Die aufgezeigten Komponenten der Mitarbeiterzufriedenheit und des Commitments sowie ihre jeweiligen Entstehungsvoraussetzungen und Ausprägungen legen nahe, dass Unternehmen ihre monetären und nicht monetären Anreize auf die Förderung der folgenden Kategorien ausrichten sollten: Affektives und normatives Commitment sowie die stabilisierende, stabilisierte und progressive Arbeitszufriedenheit. Diese Formen des Commitments und der Zufriedenheit weisen die höchste Zweckmäßigkeit in Bezug auf den Verbleib im Unternehmen und damit auf die Mitarbeiterbindung auf. Sozialwirtschaftliche Unternehmen sollten ein geringes Interesse daran haben, Mitarbeiter mit einer resignativen und Pseudo-Arbeitszufriedenheit sowie einem hohen kalkulatorischen Commitment langfristig an sich zu binden. Die resignative Arbeitszufriedenheit führt lediglich aufgrund mangelnder Alternativen und die Pseudo-Arbeitszufriedenheit aufgrund einer positiven Valenz zum Arbeitsverhältnis durch Wahrnehmungsverzerrung zu einer negativen Fluktuationsentwicklung. Die Effektivität eines gemeinnützigen Unternehmens mit oft engen und länger andauernden Klientenbeziehungen hängt davon ab, loyale und im Sinne der Unternehmensleitlinien leistungsstarke Mitarbeiter an das Unternehmen zu binden. Eine vermeintlich stabile Belegschaft, die maßgeblich auf kalkulatorischem Commitment der Mitarbeiter beruht, birgt die Gefahr, die Effektivität des Unternehmens zu gefährden, wenn Mitarbeiter eine langfristig erfolgreiche Klientenbeziehung nicht in ihre individuelle Kosten-Nutzen-Abwägung einbeziehen.

2.5 Faktoren der Arbeitgeberattraktivität aus Mitarbeitersicht – Eine Auswahl aktueller Forschungsstände

Die Betrachtung der Arbeitgeberattraktivität aus Mitarbeitersicht ist an dieser Stelle ergänzend notwendig, um monetäre und nicht monetäre Anreizen begründet und gezielt setzen zu können. Sofern einzelne Faktoren aus der Arbeitnehmerperspektive keine oder nur geringe Auswirkungen auf die Arbeitgeberattraktivität haben, muss davon ausgegangen werden, dass sie für ein auf die Mitarbeiterbindung ausgerichtetes Anreizsystem von untergeordneter Bedeutung sind. Faktoren, die einen Arbeitgeber wiederum attraktiv machen, sollten bei der Entwicklung eines monetären und nicht monetären Anreizsystems hingegen Berücksichtigung finden. Die bisherigen Ergebnisse dieser Arbeit legen nahe, dass sich die Erfüllung der Attraktivitätsfaktoren positiv auf die individuelle Arbeitszufriedenheit und damit auf die Mitarbeiterbindung auswirkt.

Die Online-Jobplattform StepStone hat 2019 eine Online-Befragung zu Attraktivitätsfaktoren von Arbeitgebern in Deutschland unter 19.000 Fach- und Führungskräften durchgeführt. StepStone ermittelte anhand der Umfrage fünf Kernkriterien, die aus Arbeitnehmersicht bei der Jobauswahl relevant sind und einen attraktiven Arbeitgeber ausmachen: Gehalt und sonstige finanzielle Leistungen, flexible Arbeitszeiten, Karriere- und Weiterbildungsmöglichkeiten, Unternehmenskultur und sinnstiftende Aufgaben (vgl. Hermann & Zimmermann, 2020, S. 6).

Ähnliche Ergebnisse können der im Dezember 2021 durchgeführten Repräsentativbefragung der Bertelsmann Stiftung entnommen werden. Befragt wurden insgesamt 1.250 Arbeitnehmer unterschiedlicher Altersgruppen zu Themen rund um ihre Arbeitserfahrungen. Auf die Frage nach der Wichtigkeit verschiedener Arbeitsbedingungen dominierte „an erster Stelle die Sicherheit des Arbeitsverhältnisses gefolgt von Gehalt, Kollegialität und flexibler Arbeitsgestaltung (zeitlich und örtlich)." (Feinstein, Habich, & Spilker, 2022, S. 4). In der Altersgruppe der 25–34 Jährigen dominierte das Gehalt noch vor der Sicherheit des Arbeitsverhältnisses und lag somit auf Rang 1 (vgl. Feinstein, Habich, & Spilker, 2022, S. 5).

Die Auszüge aus den beiden Studien machen deutlich, dass sowohl monetäre Faktoren, wie Gehalt und sonstige finanzielle Leistungen, als auch nicht monetäre Faktoren, wie Flexibilität in der Arbeitsgestaltung sowie Karriere- und Weiterbildungschancen, für Mitarbeitende von zentraler Bedeutung sind und Einfluss auf die Attraktivität von Arbeitgebern haben. Gemeinnützige Unternehmen sollten sich daher bei der Auswahl von Anreizen regelmäßig an aktuellen Forschungsständen orientieren. Idealerweise führen sie in regelmäßigen Abständen eigenständig interne Befragungen zu Attraktivitätsmerkmalen durch.

3. Gemeinnützigkeit und Gemeinnützigkeitsrecht

Monetäre und nicht monetäre Anreize sollen zur Mitarbeiterbindung in gemeinnützigen Unternehmen beitragen. Im vorangegangenen Kapitel wurden die Grundlagen der Mitarbeiterbindung erläutert, um im weiteren Verlauf monetäre und nicht monetäre Anreize entsprechend ihrer Zweckmäßigkeit, also entsprechend ihrer Bindungswirkung, beurteilen zu können. Managemententscheidungen dürfen sich jedoch nicht allein an Zweckmäßigkeitserwägungen orientieren. Zweckmäßigkeit ist eine notwendige, aber nicht hinreichende Bedingung für Managemententscheidungen. Neben die Zweckmäßigkeit tritt die Legalität hinzu. Legalität umfasst zunächst die Gesamtheit des für ein Unternehmen geltenden Rechts. Für gemeinnützige Unternehmen gelten jedoch teilweise besondere Anforderungen. Gemeinnützige Unternehmen unterliegen in Deutschland dem Gemeinnützigkeitsrecht. Neben verschiedenen Privilegien, welche mit dem Status der Gemeinnützigkeit einhergehen, müssen gemeinnützige Körperschaften die Grenzen des Gemeinnützigkeitsrechts einhalten. Ansonsten droht im schlimmsten Fall die Aberkennung der Gemeinnützigkeit. Monetäre und nicht monetäre Anreize müssen daher nicht nur nach ihrer Zweckmäßigkeit, sondern auch nach ihrer Legalität im Sinne des Gemeinnützigkeitsrechts ausgewählt werden. Die Pflicht zur Einhaltung weiterer rechtlicher Vorgaben bleibt davon unberührt.

Der gemeinnützigkeitsrechtliche Status ist für gemeinnützige Körperschaften ein ideell wie wirtschaftlich wertvolles Gut. Er stellt jedoch hohe Anforderungen an die Unternehmen und ihre tatsächliche Geschäftsführung, da „die gemeinnützigkeitsrechtlichen Voraussetzungen den gesamten Lebenszyklus einer gemeinnützigen Körperschaft umfassen." (Seeck & Wackerbeck, 2022, S. 633). Das Handeln der verantwortlichen Akteure und die vom Management ausgewählten monetären und nicht monetären Anreize zur Mitarbeiterbindung können sich negativ auf den gemeinnützigkeitsrechtlichen Status der Körperschaft auswirken. Neben rückwirkenden Steuernachzahlungen und Reputationsschäden in der Öffentlichkeit kann die Aberkennung der Gemeinnützigkeit auch den Fortbestand des Unternehmens gefährden (vgl. Seeck & Wackerbeck, 2022, S. 633). Daher ist es für die vorliegende Arbeit erforderlich, die wesentlichen Vorschriften und Merkmale, die das Gemeinnützigkeitsrecht kennzeichnen und die damit von gemeinnützigen Unternehmen zu beachten sind, in der gebotenen Kürze darzustellen.

3.1 Sinn und Zweck der Gemeinnützigkeit

In Deutschland erfahren Körperschaften, denen der Status der Gemeinnützigkeit zuerkannt wurde, eine Reihe von Vorteilen und Privilegien. Neben den verschiedenen steuerlichen Vergünstigungen, die in Kapitel 3.2 detaillierter beschrieben werden, können auch weitere außersteuerliche Vorteile mit dem gemeinnützigkeitsrechtlichen Status verbunden sein. Diese werden ebenfalls in der gebotenen Kürze in Kapitel 3.2.5 erläutert. Vorab stellt sich jedoch die Frage, welchen Zweck der Staat mit dem Rechtsstatus der Gemeinnützigkeit verfolgt und warum er mit ihm Vorteile und Privilegien verbindet.

Nach Birk et al. dient die Gemeinnützigkeit der staatlichen Entlastung in seiner zu verantwortenden gemeinwohlorientierten Aufgabenwahrnehmung. Mit Hilfe der Steuervergünstigungen schafft der Staat Anreize bei gemeinnützigen Organisationen, die Förderung des Gemeinwohls zu übernehmen. Er selbst erfährt hierdurch Entlastung.

(vgl. Birk, Desens, & Tappe, 2017, S. 108). Hüttemann beschreibt den Sinn und Zweck der Gemeinnützigkeit und damit die Rechtfertigung von Steuervergünstigungen detaillierter. Auch er verweist zunächst auf die Erfüllung „staatsähnlicher Aufgaben" durch gemeinnützige Organisationen und die damit einhergehende staatliche Entlastung. Die steuerlichen Vergünstigungen schonen die finanziellen Ressourcen der gemeinnützigen Unternehmen und ermöglichen ihnen somit mehr Handlungsspielraum. Das wiederum führt dazu, dass sich die staatliche Leistungspflicht nicht aktualisieren muss und staatliche Gemeinwohlaufgaben entsprechend des Subsidiaritätsprinzips von privaten Körperschaften oder Kirchen übernommen werden (vgl. Hüttemann, 2018, S. 40).

Die „Staatsentlastung" als alleinigen Rechtfertigungsrund für die steuerliche Förderung von gemeinnützigen Organisationen anzuführen, ist nach Hüttemann jedoch nicht ausreichend. Vielmehr geht es „[...] auch und vor allem um eine qualitative Ergänzung und Bereicherung des staatlichen Leistungsangebotes." (Hüttemann, 2018, S. 41). Der Staat ist in der Regel nicht dazu in der Lage, die Präferenzen seiner Bürgerinnen und Bürger in Bezug auf die Leistungen und der Daseinsvorsorge in Gänze zu erfassen. Er kann lediglich die Grundversorgung decken. Gemeinnützige Organisationen können hingegen bedürfnisorientierte Angebote machen, sodass diese Leistungen das staatliche Angebot bereichern und ergänzen. Diese Gleichwertigkeit von staatlicher und privater Gemeinwohlförderung wird von Hüttemann als zentraler Rechtfertigungsgrund für die steuerliche Entlastung gemeinnütziger Organisationen angeführt (vgl. Hüttemann, 2018, S. 41 f.). „Das Gemeinnützigkeitsrecht ist insoweit ein Instrument „arbeitsteiliger Gemeinwohlförderung"." (Hüttemann, 2018, S. 42).

3.2 Gemeinnützigkeitsabhängige Steuerprivilegien

Wie zuvor beschrieben, dient das Gemeinnützigkeitsrecht der staatlichen und privaten arbeitsteiligen Gemeinwohlförderung. Steuervergünstigungen müssen als Anreiz verstanden werden, um private

Körperschaften und Kirchen zur Übernahme gemeinwohlorientierter Angebote und Leistungen zu motivieren. Die einzelnen Steuervergünstigungen ergeben sich aus den jeweiligen Steuergesetzen. Eine Auswahl wird in den folgenden Unterkapiteln – ohne Anspruch auf Vollständigkeit – vorgestellt. Es werden beispielhaft diejenigen Steuervergünstigungen skizziert, die aus Sicht der Verfasserin die höchste finanzielle Entlastung sowie wirtschaftliche Vorteile für gemeinnützige Körperschaften bedeuten. Diese steuerlichen Privilegien sollten nicht durch unreflektierte Managemententscheidungen, die im schlimmsten Fall die Aberkennung der Gemeinnützigkeit zur Folge hätten, gefährdet werden.

3.2.1 Befreiung von der Körperschaft- und Gewerbesteuer

Unter der Körperschaftsteuer wird die Einkommensteuer unter anderem von juristischen Personen des privaten Rechts verstanden. Das Einkommen, welches nach dem KStG und dem EStG ermittelt wird, muss versteuert werden (vgl. Köbler, 2002, S. 290). Nach § 5 Abs. 1 Nr. 9 Satz 1 KStG sind Körperschaften, die nach ihrer Satzung ausschließlich und unmittelbar gemeinnützigen, mildtätigen oder kirchlichen Zwecken dienen, von der Körperschaftsteuer befreit. Diese Steuerbefreiung ist jedoch insoweit ausgeschlossen, als die Körperschaft einen wirtschaftlichen Geschäftsbetrieb unterhält (vgl. § 5 Abs. 1 Nr. 9 Satz 2 KStG). „*Steuerpflichtig* ist die wirtschaftliche Tätigkeit aber erst dann, wenn sie die Grenzen der steuerunschädlichen Vermögensverwaltung (§ 14 AO) [...] überschreitet." (Tipke & Lang, 2018, S. 1251). Hüttemann spricht in diesem Zusammenhang von einer „[...] sog. **partiellen Steuerpflicht** von gemeinnützigen Körperschaften mit den Werten, die zu einem wirtschaftlichen Geschäftsbetrieb gehören [...]" (Hüttemann, 2018, S. 489).

Die Gewerbesteuer bezeichnet die Steuer, die auf die Gewerbeerträge beziehungsweise auf die Gewinne der Gewerbebetriebe erhoben und an die Gemeinden abgeführt wird (vgl. Köbler, 2002, S. 217). Für die Befreiung von der Gewerbesteuer gelten nach § 3 Nr. 6 GewStG die gleichen Voraussetzungen wie für die Körperschaftsteuerbefreiung. Eine partielle Steuerpflicht liegt vor, sofern ein wirtschaftlicher Geschäftsbetrieb besteht, der über die Grenzen der steuer-unschädlichen Vermögensverwaltung hinausgeht.

3.2.2 Befreiung von der Erbschaft- und Schenkungsteuer

Die Erbschaftsteuer bezeichnet diejenige Steuer, die bei einem Vermögensübergang durch den Todesfall erhoben wird (vgl. Köbler, 2002, S. 146). § 13 Abs. 1 Nr. 16 Buchst. b ErbStG regelt, dass Zuwendungen an inländische gemeinnützige Körperschaften steuerbefreit sind. Nach § 13 Abs. 1 Nr. 16 Buchst. b ErbStG bleiben Zuwendungen steuerfrei, sofern inländische Körperschaften nach ihrer Satzung ausschließlich und unmittelbar kirchlichen, gemeinnützigen oder mildtätigen Zwecken dienen. Die Befreiung von der Erbschaftsteuer ist für gemeinnützige Unternehmen von großer Bedeutung, da sie sich häufig zu einem nicht unerheblichen Anteil durch Spenden und Zuwendungen von Todes wegen finanzieren. Potenziert wird die Bedeutung auch durch die Tatsache, dass gemeinnützige Körperschaften ohne diese Steuerbefreiung die Zuwendungen entsprechend der Steuerklasse III versteuern müssten (vgl. Hüttemann, 2018, S. 907). Dies würde einen Steuersatz von bis zu 50 Prozent bedeuten.

Der Gesetzgeber behält sich jedoch vor, die Erbschaftsteuerbefreiung auch rückwirkend als unwirksam zu betrachten und nachträgliche Steuerforderungen zu erheben: „Die Befreiung fällt mit Wirkung für die Vergangenheit weg, wenn die Voraussetzungen für die Anerkennung der Körperschaft […] als kirchliche, gemeinnützige oder mildtätige Institution innerhalb von zehn Jahren nach der Zuwendung entfallen und das Vermögen nicht begünstigten Zwecken zugeführt wird" (§ 13 Abs. 1 Nr. 16 Buchst. b Satz 2 ErbStG). An dieser Stelle wird bereits deutlich, welche erheblichen finanziellen Auswirkungen die Aberkennung der Gemeinnützigkeit für gemeinnützige Körperschaften zur Folge haben kann.

Neben dem Erwerb von Todes wegen sind auch Schenkungen unter Lebenden von § 13 Abs. 1 Nr. 16 Buchst. b ErbStG erfasst. Die Steuer, die auf Vermögensübergänge infolge von Schenkungen erhoben wird, wird als Schenkungsteuer bezeichnet. Sie wird wie die Erbschaftsteuer behandelt (vgl. Köbler, 2002, S. 429). Hüttemann weist ergänzend darauf hin, dass die Steuerbefreiung nach Ansicht der Finanzbehörden nicht auf Zuwendungen anwendbar ist, welche dem wirtschaftlichen Geschäftsbetrieb zugutekommen (vgl. Hüttemann, 2018, S. 23).

3.2.3 Begünstigung bei der Umsatzsteuer

Der Begriff der Umsatzsteuer bezeichnet die Steuer, die Unternehmen auf ihre zu versteuernden und steuerpflichtigen Umsätze entrichten müssen (vgl. Köbler, 2002, S. 497). Im Gegensatz zum KStG, GewStG und ErbStG sieht das UStG keine allgemeine Steuerbefreiung für Lieferungen und Leistungen gemeinnütziger Unternehmen vor. § 4 UStG führt jedoch eine Reihe von sachlichen Tatbeständen auf, deren Umsätze steuerfrei sind. Hierzu gehören beispielsweise der Betrieb von Pflegeeinrichtungen (§ 4 Nr. 16 UStG), Leistungen der Jugendhilfe (§ 4 Nr. 25 UStG) und ehrenamtliche Tätigkeiten (§ 4 Nr. 26 UStG). Die im Rahmen des UStG wohl wichtigste Steuervergünstigung für gemeinnützige Unternehmen stellt nach Hüttemann (vgl. 2018, S. 24) der ermäßigte Umsatzsteuersatz dar. § 12 Abs. 2 Nr. 8 Buchst. a UStG regelt, dass für „die Leistungen der Körperschaften, die ausschließlich und unmittelbar gemeinnützige, mildtätige oder kirchliche Zwecke verfolgen" der ermäßigte Umsatzsteuersatz von 7 Prozent Anwendung findet. Der ermäßigte Umsatzsteuersatz stellt in erster Linie für private oder öffentliche Leistungsabnehmer gemeinnütziger Unternehmen einen finanziellen Vorteil dar. Für die gemeinnützige Körperschaft wird der ermäßigte Umsatzsteuersatz wirtschaftlich relevant, indem er zu einem Wettbewerbsvorteil des Unternehmens führen kann (vgl. Hüttemann, 2018, S. 24 f.).

3.2.4 Spendenbegünstigung

Die zuvor beschriebenen Steuervergünstigungen schaffen Anreize für gemeinnützige Organisationen, Aufgaben zur Förderung des Gemeinwohls zu übernehmen und den Staat bei der Wahrnehmung seiner Gemeinwohlaufgaben zu entlasten. Die Vergünstigungen kommen jedoch nur den gemeinnützigen Unternehmen zugute. Auf einzelne Bürger haben sie hingegen keine Anreizwirkung, ebenfalls gemeinnützig zu handeln. Der Staat hat daher den steuerlichen

Spendenabzug geschaffen. Mit diesem setzt er einen Anreiz für die Bürger, gemeinnützige Organisationen finanziell zu unterstützen. „Dies geschieht dadurch, dass solche Zuwendungen im Rahmen der ertragsabhängigen Steuern innerhalb bestimmter Höchstgrenzen von der steuerlichen Bemessungsgrundlage abgezogen werden dürfen. Die steuerbegünstigte Spende führt also beim Zuwendenden zu einem finanziellen Vorteil in Höhe der ersparten Steuer" (Hüttemann, 2018, S. 792). Alle als steuerbegünstigt anerkannten Zwecke nach den §§ 52–54 AO sind auch spendenbegünstigt.

In Zeiten von immer knapper werdenden finanziellen Mitteln der öffentlichen Hand, sind gemeinnützige Unternehmen vermehrt auf Spenden angewiesen. Häufig können sie nur so ihre generelle Organisationsarbeit finanzieren. Sofern gemeinnützige Organisationen zur Mitarbeiterbindung monetäre und nicht monetäre Anreize nutzen, die im Sinne des Gemeinnützigkeitsrechts nicht legal sind, riskieren sie möglicherweise ihren Gemeinnützigkeitsstatus. Dies hätte zur Folge, dass eingehende Spenden für die Zuwendenden nicht mehr steuerbegünstigt wären und damit die Spendenbereitschaft gegenüber den Organisationen deutlich abnähme. Gemeinnützige Unternehmen sind daher gut beraten, ihre Anreizsysteme zur Mitarbeiterbindung nicht nur hinsichtlich ihrer Zweckmäßigkeit, sondern auch hinsichtlich ihrer Legalität immer wieder auf den Prüfstand zu stellen.

3.2.5 Weitere außersteuerliche Vorteile

Neben den steuerlichen Vergünstigungen sind mit dem Gemeinnützigkeitsstatus noch weitere außersteuerliche Vorteile verknüpft. So besteht nach § 153a Abs. 1 Satz 2 StPO die Möglichkeit der Einstellung eines Strafverfahrens gegen „[…] einen Geldbetrag zugunsten einer gemeinnützigen Einrichtung […]". Hieraus kann sich für gemeinnützige Unternehmen eine zusätzliche Finanzierungsmöglichkeit ergeben. Hüttemann führt ergänzend noch Gebührenbefreiungen und -ermäßigungen an, die gemeinnützige Unternehmen geltend machen können. Hierzu zählen beispielsweise der Rundfunkfreibetrag sowie Notar- oder Justizgebühren (vgl. Hüttemann, 2018, S. 27 f.).

3.3 Voraussetzungen für die Anerkennung der Gemeinnützigkeit nach dem Gemeinnützigkeitsrecht

Die einzelnen Steuergesetze beinhalten die Vergünstigungen für Körperschaften, die gemeinnützige, mildtätige oder kirchliche Zwecke verfolgen. Sie definieren jedoch die Rechtsbegriffe nicht. Dies leisten vielmehr die §§ 51 ff. AO, die den allgemeinen Teil der Gemeinnützigkeitsrechts bilden und somit die Voraussetzungen für die Anerkennung der Gemeinnützigkeit festlegen.

3.3.1 Förderung der Allgemeinheit

§ 52 Abs. 1 Satz 1 AO legt fest, dass eine Körperschaft gemeinnützige Zwecke verfolgt, „wenn ihre Tätigkeit darauf gerichtet ist, die Allgemeinheit auf materiellem, geistigem oder sittlichem Gebiet selbstlos zu fördern". Demnach ist die Gemeinnützigkeit durch zwei Merkmale gekennzeichnet: Die „Förderung auf materiellem, geistigem oder sittlichem Gebiet" und die „Förderung der Allgemeinheit".

Kraus erläutert, dass eine materielle Förderung insbesondere als die mildtätige Unterstützung anderer zu verstehen ist. Die geistige Förderung meint hingegen eine Förderung der Interessen durch Wissenschaft, Forschung, Bildung, Erziehung, Kunst und Kultur. Unter der sittlichen Förderung ist beispielsweise die Förderung der Völkerverständigung oder auch des Sports zu verstehen, also Werte der Gesinnung oder des Verhaltens (vgl. Kraus, 2023, Rn. 26).

Der Begriff der Gemeinnützigkeit basiert nicht allein auf der materiellen, geistigen oder sittlichen Förderung, sondern erhält nach Hüttemann seine Konturierung erst durch die Verbindung mit der „Förderung der Allgemeinheit". Nutzenstiftung alleine reicht nicht aus. Vielmehr muss die gemeinnützige Körperschaft ihre Arbeit darauf richten „dem allgemeinen Besten auf materiellem, geistigem oder sittlichem Gebiet zu nützen" (Hüttemann, 2018, S. 163). Hierdurch wird auch deutlich, dass „Förderung der Allgemeinheit" nicht bedeutet, dass alle Bürger der Bundesrepublik Deutschland gefördert werden müssen. Tatsächlich geht es um „eine Förderung ‚im Interesse

der Allgemeinheit und des gemeinen Wohls', d. h. Förderung des
Gemeinwohls" (Hüttemann, 2018, S. 163), wie Hüttemann mit Verweis auf den Bundesfinanzhof (BFH v. 13.12.1978 – I R 39/78) erläutert.
Weiter stellt er fest, dass damit die Förderung der Allgemeinheit
eine Beschränkung auf einen Wirkungskreis als solchen zulässt. Eine
Beschränkung auf einen Personenkreis ist hingegen ausgeschlossen
(vgl. Hüttemann, 2018, S. 170).

3.3.2 Verfolgung gemeinnütziger, mildtätiger oder kirchlicher Zwecke

Nach Kraus muss die Förderung auf materiellem, geistigem und sittlichem Gebiet als eine dem Gemeinnützigkeitsrecht vorangestellte
Generalklausel verstanden werden (vgl. Kraus, 2023, Rn. 25). Diese
lässt eine Vielzahl möglicher Tätigkeiten als gemeinnützige Zweckverfolgung zu. Die einzelnen Zwecke, die als Förderung der Allgemeinheit anerkannt sind und damit das Kriterium der Gemeinnützigkeit
erfüllen, sind in § 52 Abs. 2 Satz 1 Nr. 1 – 26 AO festgeschrieben. Hierzu gehören beispielsweise die „Förderung von Wissenschaft und Forschung", die „Förderung der Jugend- und Altenhilfe", die „Förderung
von Denkmalschutz und Denkmalpflege" oder die „Förderung des
Schutzes von Ehe und Familie".

Neben den gemeinnützigen Zwecken kann Unternehmen auch
für eine mildtätige oder kirchliche Zweckverfolgung der Status der
Gemeinnützigkeit zuerkannt werden. Mildtätige Zwecke werden nach
§ 53 Abs. 1 AO immer dann verfolgt, wenn eine selbstlose Unterstützung von Personen gegeben ist, „die infolge ihres körperlichen,
geistigen oder seelischen Zustandes auf die Hilfe anderer angewiesen
sind." Nach § 53 Abs. 2 AO werden mildtätige Zwecke auch dann
verfolgt, wenn Personen unterstützt werden, die wirtschaftlich hilfs-
bedürftig sind. Der Gesetzgeber erkennt mildtätiges Handeln stets als
dem Gemeinwohl dienlich an. Daher setzt die Förderung mildtätiger
Zwecke „– anders als die Förderung gemeinnütziger Zwecke – **keinen unabgegrenzten Kreis der Begünstigten voraus**, der Kreis kann
daher dauernd klein sein." (Alber, 2018, S. 86). § 54 Abs. 1 AO definiert weiter, dass eine Körperschaft kirchliche Zwecke verfolgt, „wenn

ihre Tätigkeit darauf gerichtet ist, eine Religionsgemeinschaft, die Körperschaft des öffentlichen Rechts ist, selbstlos zu fördern." Hierzu gehören nach § 54 Abs. 2 AO beispielsweise die Errichtung und Ausschmückung von Gotteshäusern, die Erteilung von Religionsunterricht oder die Verwaltung des Kirchenvermögens.

3.3.3 Selbstlose, unmittelbare und ausschließliche Zweckverfolgung

Während die §§ 52–54 AO die unterschiedlichen Zweckverfolgungen, die eine Anerkennung der Gemeinnützigkeit rechtfertigen, definieren, wird in den §§ 55–57 AO geregelt, wie die Mittelverwendung für die Zweckverfolgung zu erfolgen hat. Bei der Mittelbeschaffung haben gemeinnützige Körperschaften weitgehende Finanzierungsfreiheit. Hingegen müssen sie bei der Mittelverwendung die Grundsätze der Selbstlosigkeit, Ausschließlichkeit und Unmittelbarkeit wahren. Dies ist von zentraler Bedeutung für die Arbeitsweise von gemeinnützigen Unternehmen und hat Auswirkungen auf die Gestaltung von monetären und nicht monetären Anreizen. Diese müssen den rechtlichen Vorgaben der Mittelverwendung entsprechen, also legal im Sinne des Gemeinnützigkeitsrechts sein, um die Anerkennung der Gemeinnützigkeit nicht zu gefährden.

§ 55 AO definiert das Merkmal der Selbstlosigkeit. Dieses Merkmal gehört zu den Grundvoraussetzungen steuerbegünstigter Zweckverfolgung und „ist bereits unmittelbarer Bestandteil der Definitionen der gemeinnützigen, mildtätigen bzw. kirchlichen Zwecke" (Alber, 2018, S. 91). So ist eine Förderung oder Unterstützung selbstlos, wenn sie nicht in erster Linie eigenwirtschaftliche Zwecke verfolgt (vgl. § 52 Abs. 1 AO), die Mittel der Körperschaft nur für satzungsgemäße Zwecke verwendet werden sowie die Mitglieder keine Gewinnanteile und ihrer Eigenschaft als Mitglieder auch keine sonstigen Zuwendungen aus Mitteln der Körperschaft erhalten (vgl. § 52 Abs. 1 Nr. 1 Satz 1 und 2 AO). Beim Ausscheiden der Mitglieder oder bei Auflösung der Körperschaft dürfen sie nicht mehr als ihre eingezahlten Kapitalanteile und den Wert ihrer geleisteten Sacheinlagen zurückerhalten (vgl. § 52 Abs. 1 Nr. 2 AO). Weiter darf keine Person durch zweckfremde Ausgaben oder durch unverhältnismäßig hohe Vergütungen begünstigt werden (vgl. § 52 Abs. 1 Nr. 3 AO). § 52 Abs. 1 Nr. 4 und 5 AO sind für die vorliegende Arbeit nicht von Bedeutung und werden daher an dieser Stelle nicht aufgeführt.

Ausschließlichkeit liegt nach § 56 AO vor, „wenn eine Körperschaft nur ihre steuerbegünstigten satzungsmäßigen Zwecke verfolgt". Hüttemann erläutert mit Hinweis auf den Bundesfinanzhof (BFH v. 20.12.1978 – I R 21/76), dass „die Steuervergünstigung entfällt, wenn auch nur ein nicht begünstigter Zweck verfolgt wird, die Körperschaft also zum Teil gemeinnützigen, zum Teil nicht gemeinnützigen Zwecken dient." (Hüttemann, 2018, S. 265). Hierbei ist zu beachten, dass dieses Aufspaltungsverbot sich im Grundsatz nur auf die Ziele der Körperschaft, welche jedes für sich gemeinnützig sein muss, bezieht. Es bezieht sich jedoch nicht auf die Mittel, die ein Unternehmen zur Zweckerfüllung nutzt (vgl. Hüttemann, 2018, S. 265).

Neben der Selbstlosigkeit und der Ausschließlichkeit ist die Unmittelbarkeit das dritte Merkmal zur Anerkennung der Gemeinnützigkeit und Voraussetzung zur Inanspruchnahme der Steuervergünstigungen. Nach § 57 Abs. 1 Satz 1 AO verfolgt eine Körperschaft „unmittelbar ihre steuerbegünstigten satzungsmäßigen Zwecke, wenn sie selbst diese Zwecke verwirklicht." Der verfolgte Zweck und der damit bewirkte Erfolg müssen dem Tätigwerden der Körperschaft zugerechnet werden können. Auch das Unmittelbarkeitsgebot bezieht sich nur auf die Ebene der satzungsgemäß verfolgten Zwecke, jedoch nicht auf die Maßnahmen zur Zweckerreichung (vgl. Hüttemann, 2018, S. 277 f.).

3.4 Finanzierung der gemeinnützigen Tätigkeit innerhalb der Tätigkeits- und Vermögenssphären einer gemeinnützigen Körperschaft

Gemeinnützige Unternehmen sind genauso wie wirtschaftliche Unternehmen in der Situation, ihre Tätigkeiten finanzieren zu müssen. Sie sind also auf Mittelbeschaffung und Einkünfteerzielung angewiesen. Hierzu können gemeinnützige Unternehmen unterschiedliche Aktivitäten nutzen, um Einnahmen zu generieren. Diese unterschiedlichen Aktivitäten lassen sich im sogenannten „Vier-Sphären-Modell" abbilden, die das Management gemeinnütziger Unternehmen kennen und berücksichtigen muss, wenn es Entscheidungen mit Relevanz für den Gemeinnützigkeitsstatus treffen möchte. Das „Vier-Sphären-Modell" dient im Gemeinnützigkeitsrecht als Hilfsmittel zur Zuordnung der Tätigkeit und ihrer Besteuerungsgrundlage. Die vier Sphären lassen sich in den „ideellen Bereich" sowie in die drei Formen der wirtschaftlichen Betätigung – „Vermögensverwaltung", „Zweckbetrieb" und „wirtschaftlicher Geschäftsbetrieb – unterteilen (vgl. Hüttemann, 2018, S. 460). Unstrittig ist dabei, dass gemeinnützige Organisationen einer wirtschaftlichen Betätigung nachgehen dürfen und diese mit den steuerbegünstigten satzungsgemäßen Zwecken vereinbar ist. Der Umfang der wirtschaftlichen Betätigung ist jedoch begrenzt (vgl. Cremers, 2022, S. 108). Cremers erklärt mit Verweis auf ein Urteil vom Bundesfinanzhof (BFH v. 4.4.2007 – I R 76/05), „dass sich der zulässige Umfang der wirtschaftlichen Betätigung gemeinnütziger Körperschaften nur noch anhand des Grundsatzes der Ausschließlichkeit gem. § 56 AO bestimme" (Cremers, 2022, S. 110).

3.4.1 Ideeller Bereich

Dem ideellen Bereich werden alle Einnahmen zugeordnet, „die nicht Gegenleistung für von der gemeinnützigen Körperschaft erbrachten Leistung sind." (Kirchhain, 2023, Rn. 1). Dazu gehören beispielsweise Mitgliedsbeiträge, Schenkungen, Zuschüsse, Spenden, Aufnahmegebühren und letztwillige Zuwendungen. Die Einnahmen im ideellen Bereich sind nach § 5 Abs. 1 Nr. 9 Satz 1 KStG sowie § 3 Nr. 6 S. 1 GewStG körperschaft- und gewerbesteuerbefreit. Für eine Umsatzsteuerpflicht fehlt es an einem entgeltlichen Leistungsaustausch im Sinne des § 1 Abs. 1 Nr. 1 Satz 1 UStG (vgl. Kirchhain, 2023, Rn. 1).

3.4.2 Vermögensverwaltung

Eine Vermögensverwaltung nach § 14 Satz 3 AO liegt in der Regel dann vor, „wenn Vermögen genutzt, zum Beispiel Kapitalvermögen verzinslich angelegt oder unbewegliches Vermögen vermietet oder verpachtet wird." Die Vermögensverwaltung dient also der Mittel-beschaffung durch die Nutzung von Vermögen. Nach Kirchhain sind die Einnahmen der Vermögensverwaltung von der Körperschaft-steuer und Gewerbesteuer befreit. Im Rahmen der Umsatzsteuer müssen gemeinnützige Körperschaften in der Sphäre der Vermögensver-waltung den ermäßigten Steuersatz von derzeit 7 % entrichten (vgl. Kirchhain, 2023, Rn. 1).

3.4.3 Zweckbetrieb

Der Zweckbetrieb erfüllt alle Merkmale eines wirtschaftlichen Geschäftsbetriebs nach § 14 Satz 1 AO. Er dient jedoch nicht vor-rangig der Mittelbeschaffung, sondern der direkten Erfüllung satzungs-gemäßer Zwecke. „Die Besonderheit eines Zweckbetriebs liegt darin, dass eine gemeinnützige Körperschaft Einnahmen aus einer Erwerbs-tätigkeit i. S. d. § 14 S. 1 AO erzielt und durch eben jene operative Tätig-keit *zugleich* einen oder mehrere gemeinnützige Satzungszwecke unmittelbar verfolgt." (Kirchhain, 2023, Rn. 1). Der Zweckbetrieb wird steuerbegünstigt behandelt. Zweckbetriebsleistungen sind in vielen Fällen umsatzsteuerfrei oder unterliegen dem ermäßigten Umsatz-steuersatz (vgl. Kirchhain, 2023, Rn. 1).

3.4.4 Wirtschaftlicher Geschäftsbetrieb

Ein wirtschaftlicher Geschäftsbetrieb ist nach § 14 Satz 1 AO „eine selbständige nachhaltige Tätigkeit, durch die Einnahmen oder ande-re wirtschaftliche Vorteile erzielt werden und die über den Rahmen einer Vermögensverwaltung hinausgeht." Wirtschaftliche Geschäfts-betriebe sind meist dadurch gekennzeichnet, dass sie der reinen Mittelbeschaffung dienen, ohne dass sie dabei der satzungsgemäßen Zweckverfolgung dienen. Aufgrund der satzungsfremden entgelt-lichen Erwerbstätigkeit sind die wirtschaftlichen Geschäftsbetriebe steuerpflichtig. Sie unterliegen der Körperschaft- und Gewerbesteuer und ihre Leistungen sind umsatzsteuerpflichtig (vgl. Kirchhain, 2023, Rn.1). § 64 Abs. 3 AO nimmt hinsichtlich der bestehenden Steuer-verpflichtungen eine Einschränkung vor: sofern die Einnahmen des wirtschaftlichen Geschäftsbetriebs insgesamt nicht 45.000 Euro im Jahr übersteigen, unterliegen die diesen Geschäftsbetrieb zuzuordnenden Besteuerungsgrundlagen nicht der Körperschaft- und Gewerbesteuer.

3.5 Aberkennung der Gemeinnützigkeit bei Verstößen gegen gemeinnützlichkeitsrechtliche Bestimmungen

§ 63 AO legt die „Anforderungen an die tatsächliche Geschäftsführung" fest. Nach § 63 Abs. 1 AO muss die tatsächliche Geschäftsführung „auf die ausschließliche und unmittelbare Erfüllung der steuerbegünstigten Zwecke gerichtet sein und den Bestimmungen entsprechen, die die Satzung über die Voraussetzungen für Steuerbegünstigungen enthält". Hüttemann verweist in diesem Zusammenhang auf § 59 AO „Voraussetzung der Steuervergünstigung" und hält fest, dass nach dieser Vorschrift die Satzung der gemeinnützigen Körperschaft alle wesentlichen Vorgaben der §§ 51 ff. AO enthalten muss. Demnach muss die tatsächliche Geschäftsführung den gesamten gesetzlichen Anforderungen der §§ 51–57 AO entsprechen (vgl. Hüttemann, 2018, S. 343). Verstöße gegen § 63 Abs. 1 AO können beispielsweise die „Verfolgung anderer als der satzungsmäßigen steuerbegünstigten Zwecke, [...] die vorrangige Verfolgung eigenwirtschaftlicher Zwecke nach § 55 Abs. 1 Satz 1 AO, satzungswidrige Mittelweitergabe nach § 58 Nr. 1 AO, verbotene Ausgaben für nicht steuerbegünstigte satzungsmäßige Zwecke wie z.B. überhöhte oder zweckwidrige Ausgaben, unangemessene Gehaltszahlungen, [...] die Zuwendung von unerlaubten Vorteilen an Mitglieder [oder] ein evident unangemessenes Ausgabeverhalten" (Hüttemann, 2018, S. 343 f.) sein.

Hüttemann hält hingegen auch fest, dass § 63 Abs. 1 AO „**keine Differenzierung nach der Art oder der Schwere** des Verstoßes" (Hüttemann, 2018, S. 345) beinhaltet. Danach müsste schlussendlich jeder noch so geringe Verstoß gegen die §§ 51 ff. AO zur Aberkennung der Gemeinnützigkeit führen. Es bestehe in der Literatur jedoch Einigkeit darüber, dass bei „**kleineren, einmaligen Verstößen gegen Gemein-**

nützigkeitsvorschriften eine Versagung der Steuervergünstigungen ausscheidet." (Hüttemann, 2018, S. 345).

Dieser Argumentation folgen auch Seeck und Wackerbeck und fordern „einen kohärenten und abgestuften Sanktionsmechanismus für Verstöße der tatsächlichen Geschäftsführung gegen gemeinnützigkeitsrechtliche Grundsätze im Gesetz zu etablieren" (Seeck & Wackerbeck, 2022, S. 636). Auch wenn aktuell keine Grenze mit entsprechender Rechtsfolgenanordnung existiere, ließe die jüngere Rechtsprechung des BFH eine einheitliche „Anwendung des staatlichen Verhältnismäßigkeitsgrundsatzes mit Blick auf die Verstoßqualität (Bagatellvorbehalt) und Sanktionen sowie die widerspruchsfreie Anwendung der gemeinnützigkeitsrechtlichen Grundsätze […]" (Seeck & Wackerbeck, 2022, S. 635) erkennen. So werde anhand des Urteils des BFH v. 12.03.2020 ersichtlich, wie die Angemessenheit von Vergütungen im Sinne des Gebots der Selbstlosigkeit geprüft wird (BFH v. 12.03.2020 – V R 5/17). Strittig war die Gesamtvergütung des Geschäftsführers, welche sich aus verschiedenen monetären Komponenten zusammensetzte. Der BFH erkannte nach Anwendung des Fremdvergleichsgrundsatzes an, dass in zwei Jahren aufgrund zu hoher Vergütungen eine Mittelfehlverwendung vorlag. Für ein Jahr lehnte er die Aberkennung der Gemeinnützigkeit unter Anwendung des rechtsstaatlichen Verhältnismäßigkeitsgrundsatzes ab. „Entscheidend dafür war der dem Verhältnismäßigkeitsgrundsatz innewohnende Bagatellvorbehalt, der ein unverzichtbares Korrektiv darstellt, um in Einzelfällen die einschneidenden Rechtsfolgen des Verlusts der Gemeinnützigkeit auszuschließen." (Seeck & Wackerbeck, 2022, S. 635).

Ungeachtet der Frage eines möglichen Bagatellvorbehalts, betrifft der Gemeinnützigkeitsstatus gemeinnützige Unternehmen in ihren Grundfesten. Die Aberkennung der Gemeinnützigkeit ist ein Damoklesschwert, dessen sich die Geschäftsführung bewusst sein muss. Sie muss daher ihr Handeln stets auf die ausschließliche und unmittelbare Erfüllung der steuerbegünstigten Zwecke ausrichten und die satzungsmäßigen Voraussetzungen für die Steuerbegünstigung konsequent einhalten. Diese Verpflichtung trifft die Geschäftsführung nicht allein im Außenverhältnis zu anderen Akteuren und Klienten, sondern auch und gerade im Innenverhältnis der Organisation. Das Personal – inklusive der Geschäftsführung selbst – ist dabei traditionell ein wesentlicher Kostenfaktor. Der Personalbereich ist daher besonders geeignet, Adressat von Managemententscheidungen zu werden, die im Konflikt mit dem Gemeinnützigkeitsprivileg stehen können. Die bereits zitierte Rechtsprechung zur Gesamtvergütung eines Geschäftsführers ist dabei nur ein Beispiel. Es wirft jedoch ein Schlaglicht auf einen Bereich des Managementhandelns, das in seiner Bedeutung für die Gemeinnützigkeit oft unterschätzt wird. Die Geschäftsführung steht vor der Herausforderung, im intensiven Wettbewerb um gute Mitarbeiter die richtigen Anreize zu setzen, um diese Mitarbeiter im Unternehmen zu halten, ohne jedoch das Gemeinnützigkeitsprivileg zu riskieren. Diese Gratwanderung macht es für die Geschäftsführung erforderlich, das praktisch Denkbare mit dem rechtlich Zulässigen zu vereinbaren. Nachdem hierzu nun die steuerrechtlichen Rahmenbedingungen dargestellt und erläutert und zuvor die Grundlagen der Arbeitszufriedenheit und des Commitments skizziert wurden, wird das folgende Kapitel die Voraussetzungen und Wirkungen spezifischer Anreize untersuchen.

4. Anreizsysteme

Wesentliches Merkmal des Arbeitsvertrages zwischen Arbeitnehmer und Arbeitgeber ist die Austauschbeziehung. So steht der erbrachten Arbeitsleistung die dafür erfolgte Entlohnung gegenüber. Während die finanzielle Entlohnung lange Zeit als ausreichender Leistungs- und Bleibeanreiz betrachtet werden konnte, reicht dies mit Blick auf die in Kapitel 2.5 aufgezeigten Faktoren der Arbeitgeberattraktivität heute in Zeiten des Fachkräftemangels und des demografischen Wandels nicht mehr aus. Gemeinnützige Unternehmen, deren vorderste Unternehmensziele mit Hilfe personenbezogener Dienstleistungen erreicht werden, sind auf die Ressource „Mitarbeiter" angewiesen. Um wettbewerbsfähig bleiben und am Markt bestehen zu können, müssen loyale und leistungsstarke Mitarbeiter langfristig an das Unternehmen gebunden werden. Anreizsysteme müssen so entwickelt und etabliert werden, dass sie über die bisherige Austauschbeziehung „Arbeitsleistung gegen Entlohnung" hinausgehen.

Nach Drumm kann von einem Anreizsystem gesprochen werden, wenn unterschiedliche Anreize aufeinander abgestimmt und mit der Zielsetzung einer Belohnung angeboten werden. Die Anreize sollen in ihrer Gesamtheit positive Auswirkungen auf erwünschte Verhaltensweisen haben (vgl. Drumm, 2005, S. 553). Auch Wunderer definiert Anreizsystem als „die Summe aller im Wirkungs- verbund bewusst gestalteten und aufeinander abgestimmten Stimu- li (Arbeitsbedingungen im weiteren Sinne) [...]" (Wunderer, 2011, S. 401). Laut Wunderer sei weiter davon auszugehen, dass diese Stimuli durch gezieltes Einsetzen nicht nur positive Verhaltensweisen verstärken, sondern auch negative oder unerwünschte Verhaltensweisen abmildern oder abbauen können (vgl. Wunderer, 2011, S. 401). Für die vorliegende Arbeit bedeutet dies, dass durch den gezielten Einsatz monetärer und nicht monetärer Anreize die Bleibemotivation der Mitarbeiter gestärkt und die Wechselmotivation reduziert werden soll. Die Anreize sollen also gezielt auf die Motivation der Mitarbeiter einwirken.

4.1 Begriffsbestimmung und Abgrenzung

Im folgenden Kapitel werden zunächst die Begriffe „Anreiz" und „Motivation" erläutert und aufgezeigt, welcher Zusammenhang zwischen ihnen besteht. Die anschließende Darstellung ausgewählter motivationstheoretischer Grundlagen ist notwendig, um die Wirkung verschiedener monetärer und nicht monetärer Anreize auf die Motivation bei der Gestaltung von Anreizsystemen berücksichtigen zu können. Abschließend werden unterschiedliche monetäre und nicht monetäre Anreize für die Mitarbeiterbindung vorgestellt.

4.1.1 Anreiz

Beckmann und Heckhausen definieren Anreiz als „[…] ein Konstrukt, das situative Reize bezeichnet, die einen Motivationszustand anregen können" (Beckmann & Heckhausen, 2018, S. 121). Elementarer Bestandteil dieses Konstrukts sei dabei die affektive Reaktion. Sofern ein Objekt, also ein Anreiz, mit einem positiven Affekt verknüpft ist, sei von einem positiven Anreizwert auszugehen. Umgekehrt genauso: ein Objekt, welches mit einem negativen Affekt verknüpft ist, übe einen negativen Anreizwert aus. Inwieweit ein Anreiz eine positive oder negative affektive Reaktion auslöst, sei von der individuellen Bewertung abhängig (vgl. Beckmann & Heckhausen, 2018, S. 121). Nach dem Verständnis von Beckmann und Heckhausen sei davon auszugehen, dass derselbe Anreiz unterschiedliche affektive Reaktionen bei verschiedenen Mitarbeitern auslösen könne. Die individuelle affektive Bewertung eines Anreizes habe Einfluss auf die Wirkrichtung des Anreizes und auf die Anregung des Motivationszustandes. Nach Ansicht der Verfasserin muss ergänzend zu der individuellen affektiven Bewertung auch die situative Bewertung von Anreizen berücksichtigt werden. So kann ein Anreiz, der vormals eine neutrale oder eher negative affektive Reaktion ausgelöst hat, in einer anderen Situation oder Lebensphase des Mitarbeiters eine positive affektive Reaktion auslösen. Somit kann ein Anreiz, je nach Situation und individueller Bewertung, positive oder negative Wirkungen entfalten und unterschiedlich auf den Motivationszustand des Mitarbeiters einwirken. Ein praktisches Beispiel aus dem Arbeitsleben stellen Dienstreisen dar. Diese können in bestimmten Lebensabschnitten als ein Ausdruck von Wertschätzung des Arbeitgebers gegenüber dem Mitarbeiter verstanden werden, insbesondere wenn es sich um attraktive internationale Destinationen handelt. Sind jedoch Kinder, ältere Menschen oder Haustiere zu pflegen und zu versorgen, können längere Dienstreisen, insbesondere ins Ausland, als Last empfunden werden.

Unternehmen können jedoch mit Hilfe von Anreizen planvoll und gezielt Einfluss auf das Verhalten von Mitarbeitern nehmen und so die Steuerung des Mitarbeiterverhaltens fokussieren mit dem Ziel, die Arbeitszufriedenheit und das Commitment positiv zu beeinflussen und Mitarbeiter an das Unternehmen zu binden. Anreize können damit als organisatorisches Wirkinstrument verstanden werden.

Das bloße Vorhandensein von Anreizen und das Wissen um eine positive oder negative affektive Verknüpfung mit dem Anreiz genügen jedoch nicht, um die Mitarbeiterbindung im Sinne des Unternehmens zu beeinflussen. Vielmehr eignen sich monetäre und nicht monetäre Anreize nur dann zur Steuerung des Mitarbeiterverhaltens, wenn sie auf individuenspezifische Motive einwirken und diese positiv aktivieren. So stellt auch Schanz heraus, dass ein Anreiz nur dann seine beabsichtigte Wirkung entfalten kann, wenn ein geeignetes motivationales Gegenstück vorhanden ist (vgl. Schanz, 1991, S. 8). Anreize müssen also die individuellen und situativen Bedürfnisse der Mitarbeiter befriedigen, um positiv auf die Bindungsmotivation wirken zu können. Andernfalls erzeugen sie lediglich organisationale Kosten und bleiben unwirksam. Für die planvolle und zielgerichtete Einführung monetärer und nicht monetärer Anreize ist es daher für das Management gemeinnütziger Unternehmen unerlässlich, sich auch mit motivationstheoretischen Grundlagen und den Motiven der Mitarbeiterschaft zu beschäftigen.

4.1.2 Motivation

In der Literatur ist eine Vielzahl an Beschreibungen und Definitionen des Begriffs „Motivation" zu finden. Eine konkrete Eingrenzung des Begriffs ist kaum möglich. Neuberger benennt exemplarisch unterschiedliche Definitionsmöglichkeiten des Motivationsbegriffs. So führt er beispielhaft „Suchverhalten, Ausrichtung auf angestrebte Ziele" (Neuberger, 1974, S. 12) oder auch „angemessenes und geordnetes Verhalten bis zu einem bestimmten ‚Abschluss' oder ‚Ziel'" (Neuberger, 1974, S. 12) als Definitionsmöglichkeit an. Auch Becker verweist auf die vorhandene Definitionsvielfalt und nähert sich dem Begriff „Motivation" wie folgt: „Motivation ist die Richtung, Intensität und Ausdauer einer Verhaltensbereitschaft hin zu oder weg von Zielen." (Becker, 2019, S. 20). Fragt man also nach der Motivation eines Mitarbeiters, versucht man darüber die Gründe für sein Verhalten zu eruieren. Becker führt weiter an, dass von dem Motivationsbegriff der Begriff des Motivs abzugrenzen sei. Da Becker Motive als „einzelne, isolierte Beweggründe menschlicher Verhaltensbereitschaft" (Becker, 2019, S. 20) definiert, können unter dem Begriff des Motivs auch menschliche Bedürfnisse verstanden werden. Motivation als innerer Motor zielgerichteter Verhaltenssteuerung wird also maßgeblich von den individuellen Motiven beeinflusst. Auf die individuellen Motive wirken wiederum die Anreize, wie in Kapitel 4.1.2 erläutert. Mit einer gezielten Auswahl monetärer und nicht monetärer Anreize, die auf die individuenspezifischen Motive der Mitarbeiter zugeschnitten sind, können Unternehmen die Motivation zum Verbleib in ihrer Organisation beeinflussen.

4.2 Anreizarten und Anreizquellen

In den vorangegangenen Kapiteln wurde verdeutlicht, dass durch die Gestaltung eines Anreizsystems die Bleibemotivation der Mitarbeiter positiv beeinflusst werden kann. Anreize sind jedoch nur dann wirksam, sofern sie die individuellen Motive der Mitarbeiter ansprechen und somit positiv auf die Bleibemotivation wirken können. Anreize müssen in ihrer Gestaltung somit aus Sicht des Mitarbeiters motivbeziehungsweise bedürfniskongruent und aus Unternehmenssicht funktions- beziehungsweise situationsgerecht sein (vgl. Schanz, 1991, S. 13). Nur so können sie den Erfordernissen beider Seiten gerecht werden. Gleichzeitig muss das Management gemeinnütziger Unternehmen sich bewusst machen, dass aufgrund sich wandelnder Mitarbeiterbedürfnisse und organisationsinterner Veränderungsprozesse eine Anpassung des Anreizsystems immer wieder notwendig sein wird. Beispielsweise können Firmenwagen, insbesondere solche mit Verbrennungsmotor, für Mitarbeiter mit nur geringem Statusdenken, dafür jedoch mit ausgeprägtem ökologischem Bewusstsein, als motivationshemmend wirken, während sie möglicherweise noch vor zehn Jahren weit überwiegend als starker Motivator wirkten.

Die Differenzierung der Anreize nach Anreizarten und Anreizquellen bietet eine hilfreiche Orientierung zum gezielten und planvollen Gestalten von Anreizsystemen. Zudem gibt die Differenzierung Aufschluss über die wesentlichen Einflüsse, die auf die Motivation von Mitarbeitern wirken können.

4.2.1 Monetäre und nicht monetäre Anreizarten

Bei den Anreizarten kann zwischen monetären und nicht monetären Anreizen unterschieden werden. Monetäre Anreize, oder auch materielle Anreize, haben gemein, dass sie einen unmittelbaren finanziellen Vorteil für den Mitarbeiter beinhalten. Dies können beispielsweise die Gewährung geldwerter Vorteile, Bleibeprämien, Mitarbeiterdarlehn oder auch die Möglichkeit der Kapitalbeteiligung sein (vgl. Drumm, 2005, S. 555).

Gonschorrek führt neben den monetären Anreizen die immateriellen – personenbezogenen – und die sozialen – bindungsbezogenen – Anreize auf (vgl. Gonschorrek, 2004, S. 206). Diese werden in der vorliegenden Arbeit unter den nicht monetären Anreizen zusammengefasst. Grundsätzlich sind hierunter Anreize wie die Arbeitszeit- und Pausenregelung, Qualifikations- und Aufstiegsmöglichkeiten, Lebensarbeitszeitmodelle sowie das betriebliche Vorschlagswesen zu verstehen (vgl. Knoblauch, 2004, S. 113). An dieser Stelle sei erwähnt, dass die nicht monetären Anreize zwar keinen unmittelbaren finanziellen Vorteil mit sich bringen, durchaus aber mittelbare Auswirkungen auf die finanzielle Situation eines Mitarbeiters haben können. So kann mit dem betrieblichen Vorschlagswesen, beispielsweise bei der Vergabe von Erfolgshonoraren, eine monetäre Komponente verbunden sein. Nicht monetäre Anreize, die ausschließlich sozialen Anreizcharakter haben, sind nach Drumm zum Beispiel Anerkennung oder Kritik, Veränderungen in den Machtpotenzialen, Führungsverhalten und besondere soziale Kontakte zum oberen Management (vgl. Drumm, 2005, S. 555).

Die Wirkung beziehungsweise die Motivationskraft der jeweiligen Anreizart wird in Kapitel 4.4 konkret beschrieben.

4.2.2 Intrinsische und extrinsische Motivation als Anreizquellen

Die Anreizquellen können nach Weibler et al. sowohl nach der intrinsischen als auch nach der extrinsischen Motivation unterschieden werden. Hierbei sei die intrinsische Motivation eine selbst gefundene, häufig in der Tätigkeit selbst liegende Motivation. Die extrinsische Motivation hingegen wird von außen gesetzt (vgl. Weibler, Kuhn, & Rapsch, 2012, S. 445). Becker geht differenzierter auf die extrinsische Motivation ein. Das Verhalten, welches aus einer extrinsischen Motivation heraus entstehe, resultiere aus der Wirkung von Ergebnissen oder der Erwartung dieser Wirkung. Die Ergebnisse, welche sowohl positiv als auch negativ empfunden werden können, wirkten somit als Anreiz (vgl. Becker, 2019, S. 141). Typischer extrinsischer Anreiz ist nach Schanz die monetäre Gratifikation (vgl. Schanz, 1991, S. 15). Werde durch das Inaussichtstellen eines monetären Anreizes auf das

Verhalten des Mitarbeiters eingewirkt, aktiviere dieser Anreiz die extrinsische Motivation. Der Mitarbeiter richte sein Verhalten zielgerichtet auf das in Aussicht gestellte Ergebnis aus. Nach Auffassung der Verfasserin können auch nicht monetäre Anreize auf die extrinsische Motivation wirken. So können Anerkennung, Führungsstil oder die Aussicht auf Aufstiegsmöglichkeiten als von außen gesetzte, nicht monetäre Anreize ausgemacht werden. Diese wirken ebenfalls auf die extrinsische Motivation, da der Mitarbeiter zu einem Verhalten motiviert wird, welches er aus eigenem inneren Antrieb gegebenenfalls nicht gezeigt hätte.

Erwähnung soll an dieser Stelle noch das nach Jensen zu berücksichtigende Zusammenspiel von intrinsischer und extrinsischer Motivation finden. Dieses wird auch als sogenannter „Crowding-Out-Effekt" bezeichnet. Werden intrinsische und extrinsische Motivation durch äußere Anreize gleichermaßen angesprochen, führe dies nicht zwangsläufig zu einer höheren Gesamtmotivation (vgl. Jensen, 2022, S. 100). Im Gegenteil: „Vielmehr führt der Einsatz von extrinsischen Motivationsfaktoren zu einer Reduktion von intrinsischer Motivation und damit in Summe zu einer geringeren Gesamtmotivation." (Jensen, 2022, S. 100). Intrinsische Motive können durch den Einsatz von Anreizen also verdrängt werden, sofern das zu erwartende Ergebnis einen höheren Stellenwert aufweist als jenes der intrinsischen Motivation. Umgekehrt beschreibt Jensen jedoch auch den „Crowding-In-Effekt". Hierbei wird die intrinsische Motivation durch den Einsatz von Anreizen erhöht. Dies geschehe in der Regel dann, wenn Anreize als Form der Wertschätzung für die Arbeit wahrgenommen werden (vgl. Jensen, 2022, S. 101).

Bei der Auswahl monetärer und nicht monetärer Anreize sollten gemeinnützige Unternehmen daher im Blick behalten, welchen Einfluss die Anreize auf die intrinsische und extrinsische Motivation haben, insbesondere unter der Annahme, dass Mitarbeiter in der Sozialwirtschaft in der Regel ein hohes Maß an intrinsischer Motivation aufweisen.

4.3 Anreize und ihre Wirkung auf die individuelle Bindungsmotivation von Mitarbeitern

In Kapitel 2.3 wurde, mit Verweis auf Fittkau und Reinhardt, dargestellt, welche verschiedenen Einflussfaktoren in den vier Einflusskategorien „Persönlichkeitsmerkmale", „Arbeitsmerkmale", Rollenmerkmale" und „Führungsmerkmale" positive als auch negative Auswirkungen auf das affektive, normative und kalkulatorische Commitment haben können. In der weiteren thematischen Auseinandersetzung ist zudem aufgezeigt worden, dass nur solche Anreize eine Wirkung auf das Verhalten von Mitarbeitern haben, die die individuellen und situativen Bedürfnisse des Mitarbeiters erfüllen. Ein Anreiz benötigt also ein motivationales Gegenstück, um wirksam sein zu können. So kann er zur Förderung organisationalen Commitments beitragen.

Kühl beschäftigt sich ebenfalls mit der Frage, wie Organisationen die Mitgliedschaftsmotivation gelingen kann und führt hierzu fünf Möglichkeiten auf. So könne „Geld als Anreiz" zur Organisationsmitgliedschaft eingesetzt werden, dessen Vorteil er in der hohen Flexibilität sehe. Weiter sei die Androhung von Gewalt, also „Zwang", eine Möglichkeit, um Erwartungen gegenüber Mitgliedern durchzusetzen (vgl. Kühl, 2020, S. 28 ff.). Wie bereits erläutert, sollten Unternehmen im Sinne der Zweckmäßigkeit ein Interesse daran haben, Mitarbeiter mit möglichst affektiven und normativen Commitment an sich zu binden. Sie benötigen nicht bloß eine stabile Belegschaft, sondern loyale und im Sinne der Unternehmensziele leistungsstarke Mitarbeiter. Da die Androhung von Gewalt, beziehungsweise die Einführung eines auf Sanktionen beruhenden Anreizsystems, nicht zur Förderung des affektiven Commitments beiträgt, wird an dieser Stelle nicht weiter auf die von Kühl aufgezeigte Möglichkeit eingegangen. Als dritte Möglichkeit der Mitgliedschaftsmotivation benennt Kühl die „Zweckidentifikation". Mitarbeiter sollen von der Richtigkeit der Organisationsziele überzeugt und so an die Organisation gebunden werden. Auch die „Attraktivität der Handlung" stelle neben der „Kollegialität" eine weitere Möglichkeit der Motivation dar (vgl. Kühl, 2020, S. 31 ff.). Der von Kühl vertretene Ansatz zur Erklärung und Förderung von

Mitgliedschaftsmotivation vermag jedoch nicht zu überzeugen, da er nicht stringent ist. Letztlich läuft er – zumindest in Teilen – auf eine Vermischung von Ursache und Wirkung hinaus. Die von ihm als Mittel zur Förderung von Mitgliedschaftsmotivation angeführte „Zweckidentifikation" ist letztlich ein Ziel (affektives Commitment), kann jedoch von Unternehmen nicht als Mittel eingesetzt werden. Es unterscheidet sich insoweit von Geld oder Zwang. Ähnliches gilt auch für „Kollegialität". Es bleibt daher dabei, dass es entscheidend auf die individuellen und situativen Bedürfnisse des Mitarbeiters ankommt. Auf diese Bedürfnisse muss ein Unternehmen aktiv durch geeignete Mittel eingehen, um eine gewünschte Wirkung – das organisationale Commitment – zu erzielen. Ursache und Wirkung muss es dabei in seinem operativen Geschäft stets sorgfältig trennen.

4.3.1 Motivationstheoretische Grundlagen

In den vorangegangenen Kapiteln wurde aus Sicht des Managements gemeinnütziger Unternehmen aufgezeigt, welche Voraussetzungen Anreize erfüllen müssen, damit sie wirksamen Einfluss auf das Bindungsverhalten nehmen können. Sie sollten die individuellen und situativen Motive des Mitarbeiters befriedigen. Der ebenfalls beschriebene „Crowding-Out-Effekt" lässt jedoch auch erkennen, dass bei der Wahl von Anreizen Vorsicht geboten ist, sofern diese überwiegend die extrinsische Motivation eines Mitarbeiters ansprechen. Die Bedeutung, Aufrechterhaltung und Aktivierung der intrinsischen Motivation darf nicht außer Acht gelassen, geschweige denn verdrängt werden. Damit das Management gemeinnütziger Unternehmen durch Anreize gezielt Einfluss auf die Bindungsmotivation nehmen kann, muss es nach dem „Warum", d. h. nach den Beweggründen menschlichen Verhaltens fragen. Erst wenn es die Motive der Mitarbeiterschaft kennt, kann es zweckmäßige Anreize gestalten und etablieren. Das Wissen um motivationstheoretische Grundlagen ist daher unerlässlich.

Neuberger fasst die Vielzahl an Erklärungsansätzen im Bereich der Motivationstheorien zu zwei „Grundpfeilern" zusammen, die die Theorien gemein haben. Dies sei einerseits eine dynamische Variable, die für die Aktivierung des Verhaltens verantwortlich sei. Daneben sei die steuernde Variable auszumachen, die für die Richtung des Verhaltens ausschlaggebend sei (vgl. Neuberger, 1974, S. 18). Diese grundlegende Erkenntnis ist wichtig für die Anreizgestaltung: bei der Auswahl von Anreizen ist darauf zu achten, dass diese zum einen das Verhalten oder die Verhaltensbereitschaft aktivieren und gleichzeitig auch in die vom Unternehmen gewünschte Richtung lenken müssen.

4.3.2 Inhaltsorientierte Motivationstheorien

Es gibt in der Motivationsforschung eine Vielzahl an Theorien, die Erklärungsansätze für menschlich motiviertes Verhalten anbieten. Eine einheitliche Theorie der Motivation existiert bislang nicht. Theorien, die der Frage nachgehen, „was" einen Menschen motiviert, gehören zu den inhaltsorientierten Theorien. Sie konzentrieren sich auf die Motivinhalte mit dem Bemühen, diese zu ordnen und zu klassifizieren.

Zu den bekanntesten Vertretern der inhaltsorientierten Motivationstheorien gehörte Abraham Maslow mit seinem Ansatz des hierarchischen Modells der Motivation. Maslow, seinerseits Vertreter der Humanistischen Psychologie, vertrat die Grundannahme, dass jeder Mensch das Ziel verfolge, seine physischen und psychischen Potenziale voll auszuschöpfen (vgl. Ferreira, 2020, S. 33). Ausgehend von dieser Grundannahme versuchte Maslow in seinem Modell eine Rangfolge entsprechend der Priorität der Bedürfnisse zu erstellen. Nach Jung unterteilte Maslow die menschlichen Grundbedürfnisse in „Defizitbedürfnisse" und in „Wachstumsbedürfnisse". Die Defizitbedürfnisse stellen dabei Motive dar, die zur Aufrechterhaltung der Gesundheit erfüllt werden müssen und bei Mangelerscheinungen aktiviert werden. Diese können weiter in physiologische Bedürfnisse, Sicherheitsbedürfnisse, soziale Bedürfnisse und dem Bedürfnis nach Achtung unterteilt werden. Die Wachstumsbedürfnisse hingegen, welche erst nach Erfüllung der Defizitbedürfnisse aktiviert werden, zielen auf die Selbstverwirklichung und Ausschöpfung des eigenen Potenzials ab (vgl. Jung, 2017, S. 383). Auch wenn das Modell eine hierarchische Vormachtstellung einzelner Bedürfnisse vermuten lässt, können die Bedürfnisse nach Ferreira nicht isoliert betrachtet werden. Die Wechselbeziehung zwischen den einzelnen Bedürfnishierarchien macht sie an einem Beispiel aus der klinischen Psychologie deutlich: Das Bedürfnis zu essen, dient nicht zwangsläufig der Befriedigung des Hungers, sondern kann auch das Bedürfnis nach Liebe oder Zuwendung kompensatorisch befriedigen (vgl. Ferreira, 2020, S. 35). Die vermeintlich starren Vorgaben der Bedürfnisreihenfolge sind insoweit häufig kritisiert worden. Jedoch verweist auch Maslow selbst auf Zusammenhänge zwischen den Bedürfnissen: „We have spoken so far as if this hierarchy were a fixed order but actually it is not nearly as rigid as we may have implied." (Maslow, 1943, S. 386, zitiert nach Ferreira, 2020, S. 35). Die einzelnen Bedürfnisstufen sind also nicht als starre Gebilde, sondern durchaus als dynamisches Konstrukt zu verstehen. Dies wird auch anhand der von Jung vorgenommen Übertragung des Modells auf den Arbeitskontext deutlich. So ordnet er beispielsweise den physiologischen Grundbedürfnissen die Bedürfnisse nach einer ausreichenden Bezahlung und existentiellen Versorgung zu. Die Sicherheitsbedürfnisse hingegen seien von Motiven wie der Sicherheit am Arbeitsplatz, einem Kündigungsschutz oder einer betrieblichen Altersvorsorge geprägt (vgl. Jung, 2017, S. 384). Eine starre Bedürfnisreihenfolge erscheint insoweit unwahrscheinlich, als ein Mitarbeiter das Bedürfnis nach einem Kündigungsschutz erst entwickelt, sofern zuvor sein Bedürfnis nach ausreichender Bezahlung befriedigt wurde. Eine dynamische, überlappende Aktivierung der einzelnen Motive scheint wahrscheinlicher.

Trotz der Kritik zeigt das Hierarchiemodell Bedürfnisse auf, die Unternehmen im Rahmen der Anreizgestaltung als Motive ansprechen können. Es hat damit einen Übersichtscharakter, der aufzeigen kann, „was" genau motiviert. Die Frage, „wie" Mitarbeiter motiviert werden, bleibt jedoch unbeantwortet.

Ergänzend zu dem hierarchischen Modell der Motivation muss die ebenfalls den Inhaltstheorien zuzuordnende Zwei-Faktoren-Theorie der Motivation nach Frederick Herzberg erwähnt werden. Herzberg formulierte weniger eine Übersicht wichtiger Bedürfnisse, sondern verfolgte vielmehr die Frage, warum jemand bei der Arbeit motiviert beziehungsweise demotiviert ist. Im Rahmen seiner Forschung konnte er zwei Faktoren voneinander abgrenzen: Die Hygienefaktoren, auch Kontextfaktoren genannt, sowie die Motivatoren, auch Kontentfaktoren genannt. Während die Hygienefaktoren eher das Umfeld der Arbeit beschreiben – Gehaltshöhe, Urlaubsanspruch, Arbeitsbedingungen – beziehen sich die Motivatoren eher auf den Inhalt der Tätigkeit. Beispiele sind das Leistungserleben, die Anerkennung und die Verantwortung (vgl. Becker, 2019, S. 58 f.).

Fehlen einzelne Hygienefaktoren, kann dies zur Unzufriedenheit des Mitarbeiters führen. Das Vorhandensein beziehungsweise die Erfüllung der Hygienefaktoren führt umgekehrt jedoch nicht automatisch zur Zufriedenheit. Es führt lediglich dazu, dass keine Unzufriedenheit besteht. Erst die Erfüllung von Motivatoren kann Zufriedenheit auslösen. Diese kann wiederum positive Auswirkungen auf die Motivation des Mitarbeiters haben (vgl. Wunderer, 2011, S. 114).

Die zentrale Aussage der Zwei-Faktoren-Theorie betont die Bedeutung der Arbeit selbst, also die Motivatoren. Sofern Unternehmen bei den Hygienefaktoren einen ausreichenden Erfüllungsgrad erreicht haben, könnten sie sich überwiegend auf die Motivatoren konzentrieren, um Zufriedenheit und Motivation zu erreichen. Hierbei wird jedoch außer Acht gelassen, dass Hygienefaktoren, wie das Gehalt, durchaus auch Funktionen der Anerkennung und Selbstachtung erfüllen. Sie sprechen also auch Motivatoren an. Eine wie von Herzberg postulierte idealtypische Differenzierung scheint nicht immer möglich (vgl. Wunderer, 2011, S. 116).

4.3.3 Prozessorientierte Motivationstheorien

Im Gegensatz zu den Inhaltstheorien beschäftigen sich die prozessorientierten Motivationstheorien nicht mit der Fragestellung, „was" Motivation bei einem Individuum auslöst, sondern vielmehr „wie" die Motivation situationsspezifisch aktiviert und erhalten wird. Dabei handelt es sich um einen kognitiven Prozess, der durch die individuelle Bewertung des Individuums geprägt ist.

Nach Wunderer sind Prozesstheorien durch die Merkmale „Valenz", „Instrumentalität" und „subjektive Erfolgserwartung" gekennzeichnet. „Valenz" bezeichnet dabei den bewerteten Nutzen, die Wertigkeit des angestrebten oder in Aussicht gestellten Ergebnisses. Das Merkmal

„Instrumentalität" bezeichnet hingegen die Stärke der Erwartung des Mitarbeiters, dass sein erzieltes Arbeitsergebnis zur Erreichung eines tieferen Bedürfnisses führt. „Subjektive Erfolgserwartung", als drittes Merkmal, meint die subjektiv wahrgenommene Wahrscheinlichkeit, das Ziel grundsätzlich erreichen zu können (vgl. Wunderer, 2011, S. 118 f.). Victor Vroom als Vertreter der Prozesstheorien unterstellt nach Bruggemann et al., dass menschliches Verhalten sowohl subjektiv zweckdienlich als auch zielorientiert sei. So werden Ergebnisse, die mit einer positiven Valenz belegt sind, angestrebt, während Individuen negativ valente Ergebnisse eher vermeiden. Maßgeblich dabei ist, dass die Erwartung, ob ein Ergebnis eintreten wird oder nicht, von den Vorerfahrungen des Individuums abhängig ist (vgl. Bruggemann, Groskurth, & Ulich, 1975, S. 45 f.).

Die Theorie von Vroom ist deutlich komplexer und differenzierter in der Erklärung von sozial komplexen Verhaltensweisen als die Modelle von Maslow und Herzberg. Für die Gestaltung und Auswahl monetärer und nicht monetärer Anreize liefert das Modell von Vroom den Hinweis, dass durch eine Erhöhung des Anreizwertes (Valenz) mit einer gesteigerten Motivation des Mitarbeiters zu rechnen ist. Grundsätzlich zeigt der prozessorientierte Ansatz, dass es keinen stabilen oder linearen Zusammenhang zwischen Bedürfnissen und Motivation gibt, sondern Motivation als differenzierter individueller Prozess zu verstehen ist.

4.4 Anreize für die Mitarbeiterbindung

In Kapitel 2 „Mitarbeiterbindung" wurde herausgestellt, dass Qualität und Form sowohl der Mitarbeiterzufriedenheit als auch des Commitments Einfluss auf die Mitarbeiterbindung haben. Gemeinnützige Unternehmen sollten daher ihre monetäre und nicht monetäre Anreizgestaltung auf die Förderung des affektiven und normativen Commitments sowie auf die stabilisierende, stabilisierte und progressive Arbeitszufriedenheit ausrichten. Weiter wurde die Bedeutung des Wissens um motivationstheoretische Grundlagen und ihre Berücksichtigung für die Anreizgestaltung hervorgehoben. Dennoch muss an dieser Stelle darauf hingewiesen werden, dass die zumeist statischen Erklärungsansätze der inhaltsorientierten Motivationstheorien sowie die kognitive Ausrichtung der prozessorientierten Motivationstheorien nicht alleinige Erklärungsansätze für die Anreizgestaltung sind. Die Individualität eines jeden Menschen, seine Erfahrungen, seine Sozialisation, seine Genetik und auch seine unbewussten affektiven Handlungen entscheiden mit darüber, wie wirkungsvoll monetäre und nicht monetäre Anreize sein können (vgl. Sass, 2019, S. 2). Unternehmen sollten daher bei der Wahl von Anreizen nicht nur auf theoretische und aktuelle Forschungsgrundlagen zurückgreifen, sondern auch durch innerbetriebliche Maßnahmen Informationen zur Anreizgestaltung gewinnen. Dies kann beispielsweise durch regelmäßige Meinungsumfragen in der Belegschaft, Mitarbeitergespräche und Interviews zur Ermittlung von Motiven erfolgen.

Nachdem die theoretischen Grundlagen aufgearbeitet und dargestellt wurden, sollen nun verschiedene, für die Arbeit von gemeinnützigen Unternehmen besonders interessante Anreize dargestellt werden. Dabei werden zunächst monetäre Anreize vorgestellt, bevor anschließend auf nicht monetäre Anreize näher eingegangen wird.

4.4.1 Monetäre Anreize

Monetäre Anreize haben gemein, dass sie einen unmittelbaren finanziellen Vorteil für den Mitarbeiter erzeugen. Als monetärer Anreiz wird im Folgenden nicht das arbeitsvertraglich geregelte Festgehalt des Mitarbeiters verstanden, welches die grundlegende arbeitsvertragliche Austauschbeziehung zwischen Arbeitgeber und Arbeitnehmer darstellt, sondern vielmehr monetäre Leistungen, die gemeinnützige Unternehmen unter bestimmten Voraussetzungen zusätzlich zum monatlichen Entgelt gewähren können.

4.4.1.1 Motivationskraft monetärer Anreize

Die Bedeutung und Motivationskraft von Geld als monetärem Anreiz wird in der Literatur kontrovers diskutiert. Nach Kunz sei davon auszugehen, dass eine ausreichende und der jeweiligen Tätigkeit angemessene Grundvergütung als monetärer Anreiz ausreichend sei. Ein darüber hinausgehender finanzieller Anreiz sei für die Mitarbeitermotivation nicht erforderlich. Im Gegenteil: Kunz führt weiter an, dass ergänzende monetäre Anreize, beispielsweise in Form von Prämien, zu einer extrinsischen Motivationshaltung führen und dies die Eigenmotivation langfristig schmälern könne (vgl. Kunz, 2003, S. 212 ff.). Er deutet hier den bereits dargestellten „Crowding-Out-Effekt" an. Weiter formuliert Kunz, dass monetäre Prämien über die Zeit ihren Anreiz- und Anerkennungswert verlören und Unternehmen immer höhere monetäre Mittel ausschütten müssten, um den Anreiz und die Einwirkung auf die Motivation aufrecht zu erhalten (vgl. Kunz, 2003, S. 214). An dieser Stelle sei noch einmal auf Kapitel 2.5 „Faktoren der Arbeitgeberattraktivität aus Mitarbeitersicht – eine Auswahl aktueller Forschungsstände" verwiesen. Sowohl die Umfrage von StepStone aus dem Jahr 2019 als auch die Befragung der Bertelsmann Stiftung des Jahres 2021 zeigen eine andere Tendenz auf. Sonstige finanzielle Leistungen liegen im Ranking der Befragten auf den vorderen Plätzen. Es ist jedoch zu beachten, dass die Umfragen nicht ausschließlich auf Beschäftigte der Sozialwirtschaft ausgerichtet waren, sondern einen Querschnitt verschiedener Wirtschaftszweige umfassten. Sass fasst die Bedeutung von Geld als Anreizmittel differenzierter nach Studiengängen zusammen. Bei Studierenden der Sozialen Arbeit spiele Geld als Anreiz eine sehr deutliche Rolle, und zwar sowohl bei der Höhe eines als angemessen empfundenen Gehaltes als auch bei sonstigen finanziellen Anreizen (vgl. Sass, 2019, S. 28 f.).

Eine wichtige Erkenntnis bezüglich der Motivationskraft monetärer Anreize liefert auch Schanz. Monetäre Anreize wiesen gegenüber nicht monetären Anreizen eine Besonderheit auf, nämlich, „[d]aß Geld als nahezu universelles Mittel der Bedürfnisbefriedigung fungiert." (Schanz, 1991, S. 14). Entgegen den Theorien von Maslow und Herzberg, die monetären Mitteln den Rang der physiologischen Grundbedürfnissen und Hygienefaktoren zuweisen, haben diese nach Schanz einen deutlich größeren instrumentellen Wert für Unternehmen. Monetäre Anreize befriedigen einerseits niedergeordnete Existenzbedürfnisse und andererseits höhergeordnete Bedürfnisse wie Anerkennungs-, Macht- und Statusbedürfnisse (vgl. Schanz, 1991, S. 14).

Neben dem grundsätzlichen Stellenwert monetärer Anreize muss bei der Bewertung monetärer Anreize der Fokus zwingend auf die Richtung gelegt werden, in die die Bindungsbereitschaft sich anreizbedingt entwickeln soll.

4.4.1.2 Ausgewählte monetäre Anreize

Im Folgenden sollen nun verschiedene monetäre Anreize dargestellt und erläutert werden. Sie werden im weiteren Verlauf der Arbeit bewertet.

4.4.1.2.1 *Gratifikation*

Vielen Mitarbeitern sind sogenannte Gratifikationen geläufig. Gemeint sind damit Zahlungen des Arbeitgebers aus oder zu besonderen Anlässen. Diese Anlässe können beispielsweise Dienstjubiläen sein, aber auch das „Weihnachtsgeld" oder „Urlaubsgeld" fallen darunter (vgl. Aichberger & Kallos, 2023). Sie werden als Teil des Gehaltes zusätzlich zu dem regulären monatlichen Arbeitslohn gezahlt. Ob eine Gratifikation gezahlt wird, liegt grundsätzlich im Ermessen des Arbeitgebers. Sofern sie gezahlt wird, finden sich nach der eigenen beruflichen Erfahrung der Verfasserin regelmäßig Vorbehalte für zukünftige Zahlungen. Diese Vorbehalte dienen dazu, künftige Ansprüche der Mitarbeiter aus einer betrieblichen Übung, die nach mindestens dreimaliger vorbehaltloser Zahlung angenommen wird, zu vermeiden. Möglich sind aber auch Gratifikationen auf Grundlage eines Tarifvertrages oder einer Betriebsvereinbarung. In diesen Fällen besteht grundsätzlich eine Verpflichtung des Arbeitgebers zur Zahlung beziehungsweise ein Anspruch des Mitarbeiters auf die Leistung. Voraussetzung ist, dass das Arbeitsverhältnis noch besteht.

Die Rückzahlung einer erhaltenen Gratifikation, wenn der Mitarbeiter aus dem Unternehmen ausscheidet, ist grundsätzlich nicht ausgeschlossen. Dies hängt jedoch von den Umständen des Einzelfalls ab. Das BAG entschied im Jahr 2004, dass eine vertragliche Vereinbarung einer Rückzahlungsklausel grundsätzlich zulässig ist, sofern die Gratifikation ausschließlich für die weitere Unternehmenszugehörigkeit gezahlt wird und der Verbleib im Unternehmen nicht außer Verhältnis zur Gratifikation steht (vgl. BAG v. 28.04.2004 – 10 AZR 356/03). In dem entschiedenen Fall akzeptierte das BAG eine Bindung des Mitarbeiters bis zum 31. März des Folgejahres, nachdem er im Dezember eine Jahresprämie in Höhe eines Monatsgehalts erhalten hatte. Diese Rechtsprechung legt nahe, dass eine vertragliche Rückzahlungsklausel unwirksam sein dürfte, soweit die Gratifikation auf eine bereits erbrachte Arbeitsleistung abstellt. Eine Bindung mit Rückzahlungsklausel könnte in diesem Fall eine unverhältnismäßige Einschränkung der grundgesetzlich geschützten Berufsfreiheit bedeuten. In diese Richtung geht auch die Rechtsprechung des BAG aus dem Jahr 2013 (vgl. BAG v. 12.09.2013 – 6 AZR 981/11, BeckRS 2014, 65147 Rn. 24). Gratifikationen sind als zusätzlich gezahltes Gehalt ebenso wie das reguläre Monatsgehalt steuerpflichtig.

4.4.1.2.2 Halte- oder Bleibeprämie

Bereits bei den Gratifikationen wurden Zahlungen des Arbeitgebers an Mitarbeiter zum Verbleib im Unternehmen angesprochen. Sogenannte Halte- oder Bleibeprämien (engl. retention boni) sind besonders in Zeiten des steigenden Fachkräftemangels ein attraktives Mittel, um Mitarbeiter im Unternehmen zu halten. Sie können zudem bei einem vorgesehenen Personalabbau relevant werden. Arbeitgeber können mit Hilfe der Halteprämie verhindern, dass leistungsstarke Mitarbeiter vor Abschluss notwendiger Abwicklungsarbeiten zu einem anderen Unternehmen wechseln. Als Halteprämie wird eine Prämienzahlung des Arbeitgebers an seinen Arbeitnehmer unter der Bedingung verstanden, dass dieser bis zu einem bestimmten Stichtag keine Eigenkündigung erklärt hat (vgl. Christ & Weiss-Bölz, 2019, S. 2425 ff.) Das BAG betonte im Jahr 2013, dass die Betriebstreue eine entgeltliche, objektiv werthaltige Leistung des Arbeitnehmers sein könne. In einer wirtschaftlichen Krisensituation könne es von entscheidender Bedeutung für die Fortentwicklung des Unternehmens sein, wenn Führungskräfte oder sonstige Leistungsträger im Unternehmen bleiben (vgl. BAG v. 12.09.2013 – 6 AZR 913/11, AP InsO § 134 Nr. 1, Rn. 57).

Halteprämien sind jedoch nicht in jeder Form zulässig. Nach der Rechtsprechung des BAG ist wesentlich, ob mit der Leistung eine erbrachte Arbeitsleistung honoriert werden soll oder der Arbeitgeber zumindest auch Vergütungszwecke verfolgt. Hierzu sind die jeweiligen vertraglichen Vereinbarungen auszulegen. Lingemann und Kreis kommen bei ihrer Analyse der Rechtsprechung zu Halteprämien zusammenfassend zu dem Ergebnis, dass das BAG bei der Zulässigkeit von Halteprämien relativ großzügig ist. Jedoch müsse sichergestellt sein, dass es sich um reine Halteprämien handele ohne jeden Vergütungscharakter. Auch sehr hohe Prämien seien zulässig, ohne wegen ihrer Höhe als Vergütung der Arbeitsleistung zu gelten. Sie empfehlen, den Grund für das Halten ausdrücklich im Arbeitsvertrag zu vermerken. Auf bestimmte Ziele – seien sie quantitativ oder qualitativ – oder auf das Betriebsergebnis solle nicht abgestellt werden. Auch Danksagungen für den persönlichen Einsatz sollten vermieden werden (vgl. Lingemann & Kreis, 2021, S. 387). Christ und Weiss-Bölz weisen auf eine differenzierte Rechtsprechung hin. Zu unterscheiden seien Halteprämien mit reinem Entgeltcharakter, Halteprämien zur Belohnung von Betriebstreue und Halteprämien mit Mischcharakter. Liege eine Prämie mit reinem Entgeltcharakter vor, sei dies grundsätzlich unzulässig. Eine Halteprämie zur Belohnung von Betriebstreue sei hingegen grundsätzlich zulässig. Bei einem Mischcharakter komme es auf den Einzelfall an. Die Zahlung der Prämie könne der Arbeitgeber mit einer Stichtagsklausel, einer Rückzahlungsklausel oder einer Kombination von beiden verbinden (vgl. Christ & Weiss-Bölz, 2019, S. 2426).

4.4.1.2.3 Übernahme von Fort- und Ausbildungskosten

Für gemeinnützige Unternehmen ist es nicht nur essentiell, gute Mitarbeiter zu bekommen und zu halten, sondern auch ihre Qualität dauerhaft und für das Unternehmen nutzbar zu erhalten. Gerade in gemeinnützigen Unternehmen sind regelmäßige Fort- und Ausbildungen, insbesondere vor dem Hintergrund sich verändernder Sozialgesetzgebung und -rechtsprechung, besonders wichtig. Auch die Möglichkeit zur internen oder externen Supervision sowie der Zugang zu psychosozialer Beratung stellen wichtige Faktoren für den Qualitätserhalt dar. Werden entsprechende Bildungsmaßnahmen außerhalb des Unternehmens in Anspruch genommen, stellt sich regelmäßig die Frage, ob und gegebenenfalls in welcher Höhe sich der Arbeitgeber an den Kosten beteiligt. Dabei fallen in der Regel umso höhere Kosten an, je hochwertiger und länger eine Fortbildungsmaßnahme dauert. Für ein mehrjähriges berufsbegleitendes Studium kommen schnell einige tausend Euro zusammen. Sofern diejenigen Mitarbeiter, die die Fort- oder Ausbildungsmaßnahmen in Anspruch genommen haben, im Unternehmen bleiben, steht das erworbene Wissen dem Unternehmen zur Verfügung. Die Investition ist in diesem Fall „gut angelegt". Problematisch wird es hingegen, wenn ein Mitarbeiter nach erfolgter Fort- oder Ausbildung das Unternehmen zeitnah verlässt. Gerade bei Mitarbeitern, die durch ein berufsbegleitendes Studium erweiterte Möglichkeiten am Arbeitsmarkt haben, ist die Gefahr besonders hoch. Ein Unternehmen hat daher ein besonderes Interesse daran, dass auf seine Kosten gut ausgebildetes Personal möglichst lange im Unternehmen verbleibt, sodass sich die getätigte Investition rentiert.

Das Interesse des Unternehmens muss jedoch von der Rechtsordnung auch geschützt sein. In der Praxis stellt sich regelmäßig die Frage, ob Bleibe- und Rückzahlungsklauseln in Arbeitsverträgen als Kompensation für die vom Unternehmen getätigten Ausgaben einer Kontrolle nach dem AGB-Recht des BGB standhalten. Diese Frage stellt sich losgelöst vom Gemeinnützigkeitsrecht. Die Rechtsprechung hierzu ist sehr differenziert. Als generelle Linie lässt sich nach Linck aber Folgendes festhalten: Rückzahlungsklauseln für vom Unternehmen verauslagte Fort- und Ausbildungskosten benachteiligen einen Mitarbeiter nicht generell unangemessen. Sie sind zulässig, sofern die Rückzahlungsverpflichtung bei verständiger Betrachtung einem billigenswerten Interesse des Unternehmens entspricht und der Mitarbeiter mit der Fort- oder Ausbildungsmaßnahme eine angemessene Gegenleistung erhalten hat, die für ihn bei erfolgreichem Abschluss von geldwertem Vorteil ist. Nicht zulässig soll es sein, eine Rückzahlungspflicht generell an das Ausscheiden des Mitarbeiters innerhalb der Bindungsfrist zu knüpfen. Bei einer Eigenkündigung des Mitarbeiters ist eine Rückzahlungspflicht ausgeschlossen, wenn das Unternehmen als Arbeitgeber die Kündigung des Arbeitsverhältnisses mitveranlasst hat. Dies kann beispielsweise dann der Fall sein, wenn es sich selbst nicht vertragskonform verhalten hat. Das Rückzahlungsrisiko muss darüber hinaus für den Mitarbeiter klar und transparent sein. Die Kosten und ihre Berechnung müssen deutlich benannt werden (vgl. Linck, 2021, Rn. 117). Das als angemessen bewertete Verhältnis zwischen Fortbildungs- und Bindungsdauer kann an dieser Stelle nicht näher ausgeführt werden. Grundsätzlich kann aber festgehalten werden, dass die Bindungsdauer in jedem Fall – gemessen an den Vorteilen der Fortbildung – angemessen sein muss.

4.4.1.2.4 Arbeitgeber-Darlehen

In engem Zusammenhang mit der Übernahme von Fort- und Ausbildungskosten durch ein Unternehmen stehen sogenannte Arbeitgeber-Darlehen. Gemeint sind damit Darlehen, die ein Unternehmen Mitarbeitern gewährt. Nicht gemeint ist hingegen der umgekehrte Fall. Vergibt ein Mitarbeiter ein Darlehen an seinen Arbeitgeber, liegt regelmäßig ein Fall privater Kapitalbeteiligung an einem Unternehmen vor. Diese Konstellation soll hier jedoch nicht weiter vertieft werden, da der Anreiz bei privater Kapitalbeteiligung an Unternehmen primär durch den Mitarbeiter gesetzt wird, indem er als Darlehensgeber auftritt.

Beim Arbeitgeber-Darlehen wird der Mitarbeiter jedoch zum Darlehensnehmer. Mögliche Motive des Mitarbeiters können der Erwerb einer Immobilie oder notwendige Ausgaben zur privaten Konsumdeckung sein. Das Unternehmen und der Mitarbeiter schließen einen Kreditvertrag für das Arbeitgeber-Darlehen ab. Dieser Vertrag tritt neben das bestehende Arbeitsverhältnis. Insofern besteht ein Unterschied zu einem bloßen Vorschuss, bei dem lediglich das Arbeitsentgelt für eine noch nicht erbrachte Arbeitsleistung vorab bezahlt wird (vgl. Griese, 2023, Rn. 1). Für das Unternehmen als Darlehensgeber ist ein Arbeitgeber-Darlehen interessant, weil es damit zum einen Betriebsausgaben tätigen kann, die Einfluss auf die Höhe des zu versteuernden Gewinns haben. Zudem ist das Risiko eines Darlehensausfalls für das

Unternehmen vergleichsweise gering, da es als Arbeitgeber des Darlehensnehmers unmittelbar Zugriff auf das Arbeitsentgelt hat. Dieses geringe Risiko ermöglicht es ihm, Mitarbeitern vergleichsweise günstige Zinskonditionen anzubieten. Der Mitarbeiter sollte allerdings berücksichtigen, dass der Unterschied zwischen dem marktüblichen Zins und der an seinen Arbeitgeber als Darlehensgeber zu zahlende Zins grundsätzlich einen geldwerten Vorteil darstellt, der versteuert werden muss.

Aus rechtlicher Sicht muss zudem beachtet werden, dass vom Darlehensgeber vorformulierte Kreditverträge der Kontrolle nach dem AGB-Recht unterliegen. Überraschende oder mehrdeutige Klauseln werden daher nicht Vertragsbestandteil (vgl. § 305c Abs. 1 BGB). Auch dürfen die Vertragsbestimmungen den Mitarbeiter als Darlehensnehmer nicht unangemessen benachteiligen. Eine unangemessene Benachteiligung kann sich nach § 307 Abs. 1 Satz 2 BGB daraus ergeben, dass eine Bestimmung nicht klar und verständlich ist.

4.4.1.2.5 Arbeitgeberfinanzierte betriebliche Altersvorsorge

Die demografische Entwicklung in Deutschland lässt eine den Lebensstandard wahrende gesetzliche Rente zunehmend unsicher erscheinen. Grund dafür ist die Umlagefinanzierung in der gesetzlichen Rentenversicherung. Vereinfacht gesagt, bedeutet dies, dass heutige Arbeitnehmer für die Rente der heutigen Rentner aufkommen, nicht jedoch für ihre eigene Rente. Eine zusätzliche private Vorsorge wird daher allenthalben empfohlen. Für angestellte Mitarbeiter eines Unternehmens ist es daher besonders interessant, wenn sich ihr Arbeitgeber an der privaten Altersvorsorge beteiligt. Hierfür stehen grundsätzlich zwei Modelle zur Verfügung: der Arbeitgeber kann für seine Mitarbeiter einen Vermögensstock aufbauen, aus dem diese dann später eine Rente ausgezahlt bekommen (klassische betriebliche Altersvorsorge oder Betriebsrente), oder Mitarbeiter können einen Betrag aus ihrem Bruttogehalt verwenden und diesen in ein privates Altersvorsorgeprodukt einzahlen, beispielsweise in eine zusätzliche private Rentenversicherung (sogenannte Entgeltumwandlung). Interessant ist die zweite Variante für Mitarbeiter unter anderem deshalb, weil sie damit für den Teil ihres Bruttogehaltes, den sie für die Altersvorsorge verwenden, Steuern und Sozialabgaben sparen können. Eine Besteuerung findet erst bei der späteren Rentenauszahlung statt. Zu beachten ist allerdings, dass sich durch das verringerte Bruttogehalt auch der Anspruch aus der gesetzlichen Rentenversicherung vermindert. Bei genauer Betrachtung handelt es sich bei dem Modell der Entgeltumwandlung jedoch allenfalls mittelbar um eine arbeitgeberfinanzierte betriebliche Altersvorsorge, da Mitarbeiter gerade Teile ihres Bruttogehaltes nutzen. Allerdings muss der Arbeitgeber nach § 1a Abs. 1a BetrAVG 15 Prozent des umgewandelten Entgeltes zusätzlich als Arbeitgeberzuschuss an den jeweiligen Pensionsfonds, die Pensionskasse oder die Direktversicherung weiterleiten, soweit er durch die Entgeltumwandlung Sozialversicherungsbeiträge einspart. Ähnliches sieht § 23 BetrAVG vor.

Ob sich eine betriebliche Altersvorsorge insgesamt lohnt, hängt von verschiedenen Faktoren ab. Zum einen sollte ein Mitarbeiter prüfen, wie hoch der Beitrag seines Arbeitgebers zur betrieblichen Altersvorsorge ist. Kommt ein Unternehmen allein oder weit überwiegend für die betriebliche Altersvorsorge auf, ist dies grundsätzlich für Mitarbeitende lohnenswert und mit geringem Risiko verbunden. Anders kann es in Fällen der Entgeltumwandlung aussehen. Insbesondere wenn der Mitarbeiter das Unternehmen verlässt, ist nicht garantiert, dass der neue Arbeitgeber den betrieblichen Altersvorsorgevertrag übernimmt. Aus Sicht eines Unternehmens, das Mitarbeiter langfristig an sich binden möchte, liegt es daher nahe, entweder eine weitgehend oder sogar vollständig vom Unternehmen finanzierte betriebliche Altersversorgung anzubieten oder zumindest bestehende betriebliche Altersvorsorgeverträge anderer Unternehmen bei neuen Mitarbeitern zu übernehmen, soweit dies wirtschaftlich vertretbar ist.

4.4.1.2.6 *Geschäftsführervergütung*

Monetäre Anreize beschränken sich nicht allein auf die häufig tariflich beschäftigten Mitarbeiter eines Unternehmens, sondern umfassen auch die in gemeinnützigen Unternehmen nicht selten außertariflich vergüteten Geschäftsführer. Bei diesen sind es die Verwaltungs- oder

Aufsichtsräte, denen das Setzen monetärer Anreize obliegt. Sie sollten hierfür das bereits an anderer Stelle dieser Arbeit angesprochene Urteil des BFH vom 12. März 2020 (Az. V R 5/17) kennen, in dem sich der BFH mit der Frage der Aberkennung der Gemeinnützigkeit bei vermeintlich unverhältnismäßig hohen Geschäftsführervergütungen befasst hat. Der Entscheidung des BFH lag ein Sachverhalt zugrunde, indem ein Geschäftsführer einer sozialen Einrichtung ein Geschäftsführergehalt inklusive Nebenleistungen („Firmenfahrzeug der Mittelklasse zur privaten Nutzung" sowie einer Versorgungszusage) zwischen 243.564,00 Euro (im Jahr 2008) und 283.235,00 Euro (im Jahr 2010) bezog. Der BFH entschied, dass für die Jahre 2008 bis 2010 ein nicht geringfügiger Verstoß gegen das Mittelverwendungsgebot des § 55 Abs. 1 Nr. 3 AO vorlag. Nach § 55 Abs. 1 Nr. 3 AO darf eine Körperschaft keine Personen durch Ausgaben, die dem Zweck der Körperschaft fremd sind, oder durch unverhältnismäßig hohe Vergütungen begünstigen. Der Entzug der Gemeinnützigkeit war daher aus Sicht des BFH gerechtfertigt. Für die Bestimmung der Unverhältnismäßigkeit der Vergütung seien die zur verdeckten Gewinnausschüttung (vGA) entwickelten Grundsätze heranzuziehen. Die Obergrenze einer noch verhältnismäßigen Vergütung sei durch einen sogenannten Fremdvergleich zu ermitteln. Fremdvergleich meint einen Vergleich zur sonstigen, nicht zwingend gemeinnützigen Privatwirtschaft. Unverhältnismäßig sei ein Gehalt, wenn es den oberen Rand („oberes Quartil") um mehr als 20 % übersteige. Daraus folgt, dass ein Gehalt selbst dann noch verhältnismäßig ist, wenn es sich innerhalb des oberen Quartils der in anderen Branchen üblichen Vergütung bewegt. Abschläge seien jedoch bei Mehrfach-Geschäftsführungen für mehrere Körperschaften zu machen. Zudem muss die Höhe der Vergütung sorgfältig und vollständig ermittelt werden. Dies betrifft insbesondere die Versorgungszusage für den Geschäftsführer. Zugrunde zu legen sei eine fiktive Jahresnettoprämie, die ein Geschäftsführer für eine entsprechende Altersvorsorge aufwenden müsste und sich durch die Versorgungszusage des Unternehmens erspart.

4.4.1.2.7 Firmenwagen zur privaten Nutzung

Gemeinnützige Unternehmen haben, wie andere Unternehmen auch, die Möglichkeit, Mitarbeitern Firmenwagen zur Verfügung zu stellen. Diese können Mitarbeiter für die Erfüllung ihrer dienstlichen Aufgaben nutzen. Zudem können Unternehmen gestatten, dass die Firmenwagen auch für private Zwecke genutzt werden dürfen. Mitarbeiter sparen sich dadurch in der Regel erhebliche Anschaffungskosten sowie den Unterhalt eines Fahrzeuges, also Steuern, Versicherungen, Benzin- oder Stromkosten sowie Aufwendungen für Reparaturen. Teilweise erlauben Unternehmen auch Familienangehörigen die private Nutzung des Fahrzeugs. Steuerrechtlich handelt es sich bei Firmenwagen um Betriebsvermögen. Mitarbeiter haben die Nutzung des Firmenwagens, den sie auch privat nutzen dürfen, grundsätzlich mit 1 % des Bruttolistenpreises als geldwerten Vorteil zu versteuern. 1 % des Bruttolistenpreises werden dabei dem Gehalt hinzugerechnet und auf Grundlage dieses höheren Gehalts die Lohnsteuer berechnet.

In einem gesonderten Überlassungsvertrag regeln Unternehmen mit ihren nutzungsberechtigten Mitarbeitern die Details zur Firmenwagennutzung, insbesondere den Umfang einer Nutzung für private Zwecke, Fahrten ins Ausland, Verfahren bei Unfällen oder Diebstahl sowie die regelmäßige Inspektion und Wartung des Fahrzeugs.

4.4.1.2.8 Lohnsteuer- und sozialabgabefreie Sachleistungen

Ein wesentlicher Faktor für die betriebliche Tätigkeit von Mitarbeitern ist, wieviel des Bruttogehalts am Ende des Monats netto überwiesen wird. Eine Unternehmensstrategie bei der Anreizgestaltung zur Mitarbeiterbindung kann es daher sein, Mitarbeitern „mehr netto vom brutto" zu ermöglichen. Dieses Ziel kann ein Unternehmen durch lohnsteuer- und sozialabgabenfreie Sachleistungen erreichen. Nach Eichholz kommen hierfür unter anderem in Betracht: der Betrieb einer Kantine, der Betrieb einer Kinderbetreuungseinrichtung oder der Zuschuss zur Kinderbetreuung, Gutscheine für unternehmenseigene Produkte, Überlassung des Laptops oder Mobiltelefons zur privaten Nutzung oder Gutscheine einzelner Unternehmen wie zum Beispiel Tankgutscheine (vgl. Eichholz, 2018, S. 232).

Ein mittlerweile häufig in der Praxis genutztes Mittel sind Mitarbeiter-Karten in Form von Benefit-Karten, Prepaid-Bezahlkarten oder ähnlichem nach § 8 Abs. 2 Satz 11 EStG i. V. m. § 3 Abs. 1 Satz 4 der Sozialversicherungsentgeltverordnung (SvEV). Diese kann ein Unternehmen seinen Mitarbeitern bis zu einer Höhe von 50 Euro zur Verfügung stellen. Mit ihnen können Mitarbeiter bei den Akzeptanzstellen des Kartenanbieters einkaufen. Die Bezahlung erfolgt mit der Karte bis zur Höhe des auf der Karte gespeicherten Guthabens. Eine Auszahlung des Kartenguthabens in bar ist ausgeschlossen (vgl. Eichholz, 2018, S. 232).

4.4.1.2.9 Weitere monetäre Anreize

Monetäre Anreize sind in vielfachen Ausgestaltungen und Kombinationen denkbar. Einen numerus clausus der monetären Anreize gibt es nicht. Veränderungen am Arbeitsmarkt sowie technische Innovationen und gesellschaftliche Entwicklungen können neue monetäre Anreize erforderlich machen oder „aus der Mode gekommene" Anreize wieder aktuell werden lassen. Denkbar ist beispielsweise die Bereitstellung von günstigem Wohnraum für Mitarbeiter und ihre Familien, um Engpässen am Wohnungsmarkt zu begegnen und dadurch Mitarbeiter zu binden. Notwendig sind dafür freilich hohe Investitionen seitens des Unternehmens, um entsprechenden Wohnraum in der benötigten Zahl auch tatsächlich und wirtschaftlich tragfähig zur Verfügung stellen zu können. Möglich ist auch der Austausch des aus „Verbrennern" bestehenden Firmenwagenfuhrparks durch Elektrofahrzeuge mit entsprechenden Steuervorteilen insbesondere für die Mitarbeiter. Bisweilen ist auch von Überlegungen von Unternehmen zu lesen, den Handwerkerpool eines Unternehmens auch Mitarbeitern zur Verfügung zu stellen, um beispielsweise den Heizungsaustausch zu beschleunigen und kostengünstig umzusetzen. Der Phantasie sind hier keine Grenzen gesetzt.

4.4.2 Nicht monetäre Anreize

Nicht monetäre Anreize umfassen Anreize, die nicht unmittelbar finanzielle Vorteile für den Arbeitnehmer bieten oder ausschließlich sozialen Anreizcharakter haben. Bei der folgenden Darstellung werden nicht monetäre Anreize beider Gruppen berücksichtigt.

4.4.2.1 Motivationskraft nicht monetärer Anreize

Der Motivationskraft nicht monetärer Anreize wird in der Literatur zunehmend große Bedeutung beigemessen. Als Grund hierfür wurde bereits in den 1990er Jahren der gesellschaftliche Wertewandel aufgeführt. Laut Schanz liege der in der Arbeitswelt erkennbare Wertewandel eng mit der technischen Entwicklung zusammen – neue Techniken führen zu neuen Tugenden am Arbeitsplatz (vgl. Schanz, 1991, S. 6). Nach Schanz sei erkennbar, dass an die Stelle einer „materialistischen Orientierung" vermehrt eine zunehmende „post-materialistische Wertehaltung" trete. Auch „Pflicht- und Akzeptanzwerte" seien zunehmend von „Selbstentfaltungswerten" und „puritanische Tugenden" durch „kommunikative Tugenden" abgelöst worden (vgl. Schanz, 1991, S. 6). Auch Opaschowski geht davon aus, dass der Wertewandel das Anspruchsniveau der Arbeitnehmer verändert habe. Eine hohe Motivation lasse sich nur durch mehr Freude an der Arbeit erreichen. Dies sei auf den höheren Stellenwert der Freizeit sowie die Verbesserung grundsätzlicher Arbeitsbedingungen zurückzuführen (vgl. Opaschowski, 1991, S. 37).

Bedürfnisse von Mitarbeitern nach Anerkennung, Partizipation, „Work-Life-Balance", Kollegialität und Sinnhaftigkeit des eigenen Handelns treten immer mehr in den Vordergrund. Gemeinnützige Unternehmen kommen nicht umhin, diese Bedürfnisse zu befriedigen, wenn sie Mitarbeiter binden wollen. Sie müssen davon ausgehen, dass nicht monetäre Anreize, die personen- und bindungsbezogenen Anreizwert haben, besonders motivierend wirken und damit stark zur Arbeitszufriedenheit und Bindungsbereitschaft beitragen. Sie sollten daher immer Bestandteil von Anreizsystemen sein.

4.4.2.2 Ausgewählte nicht monetäre Anreize

Die folgenden Unterkapitel erläutern einige besonders praxisrelevante nicht monetäre Anreize. Ihre Bewertung erfolgt im Anschluss an die Bewertung der monetären Anreize.

4.4.2.2.1 Moderne Führungsmethode

Die Sozialwirtschaft unterliegt unter anderem durch den demografischen Wandel, den stetig steigenden Fachkräftemangel und den zunehmenden Finanzierungsdruck einem intensiven Veränderungsdruck. Gemeinnützige Unternehmen sind daher gefordert, ihre Arbeitsweise kontinuierlich anzupassen. Nur wenn es ihnen gelingt, Mitarbeiter einerseits von der Notwendigkeit möglicher Veränderungen zu überzeugen, und sie ihnen andererseits Aussicht auf eine sichere berufliche Perspektive bieten und die Arbeitszufriedenheit der Mitarbeiter sichern können, können sie langfristig am Markt bestehen. Moderne Führungsmethoden, wie der transformationale Führungsstil, können hierzu beitragen und als nicht monetärer Anreiz mit ausschließlich sozialem Anreizwert verstanden werden.

Der transformationale Führungsstil kennzeichnet sich dadurch, dass die Führungskraft durch ihr Führungsverhalten zu einer Internalisierung der organisationalen Werte und Ziele bei den Geführten beiträgt (vgl. Dörr, 2008, S. 14). Die Mitarbeiter sollen gefördert und ermächtigt sowie zu mehr Kreativität und Teamgeist angeregt werden. Durch das Verhalten der Führungskraft, welches sich vorrangig auf die Kernelemente „Vorbild sein", „Eigeninitiative anregen", „Unternehmerisch handeln", „Kompetenzen entwickeln" und „Fair kommunizieren" fokussieren sollte, sei nach Pelz die intrinsische Motivation der Mitarbeiter angesprochen und würde zu einer erhöhten Arbeitszufriedenheit beitragen (vgl. Pelz, 2012, S. 44). Gerade gemeinnützige Unternehmen, deren Leistungsportfolio überwiegend aus personenbezogenen Dienstleistungen besteht, sind auf die Ressource „Mitarbeiter" angewiesen. Antiquierte, streng hierarchische Führungsstile, die kritikloses Nachfolgen und Gehorsam anstreben, erfüllen entsprechend den Arbeitgeberattraktivitätsfaktoren nicht den

Erwartungen der Mitarbeiter und tragen folglich nicht zu einem stabilen Sozialunternehmen bei.

4.4.2.2.2 Betriebliches Vorschlagswesen

Das betriebliche Vorschlagswesen als nicht monetärer Anreiz ist, sofern ernsthaft und verantwortungsbewusst eingesetzt, einerseits nutzenstiftend für das Unternehmen und andererseits eine Form der Wertschätzung und Anerkennung der Mitarbeiterpotenziale. Nach Jentgens und Kamp können mit dem betrieblichen Vorschlagswesen unterschiedliche Ziele verfolgt werden. Einerseits sollen Leistungssteigerungen, Kostensenkungen sowie eine Steigerung der Wirtschaftlichkeit erreicht werden – allesamt Faktoren, die einen unmittelbaren Vorteil für das Unternehmen bedeuten. Andererseits sollen jedoch auch Arbeitsbedingungen und der betriebliche Gesundheitsschutz durch das betriebliche Vorschlagswesen optimiert werden und somit zur Arbeitszufriedenheit beitragen (vgl. Jentgens & Kamp, 2004, S. 22). Dies bedeutet hingegen für die Mitarbeiter einen direkten Nutzen. Mitarbeiter werden motiviert, sich partizipativ mit ihren Ideen, Lösungs- und Verbesserungsvorschlägen einzubringen und profitieren im Idealfall zeitnah von ihren eigenen Vorschlägen. Sofern das betriebliche Vorschlagswesen ohne Honorierung implementierter Vorschläge auskommt, handelt es sich um einen ausschließlich nicht monetären Anreiz.

Entscheidet sich das Unternehmen hingegen dafür, die Realisierung eines effektiven und effizienten Vorschlags mit einer Prämie zu honorieren, liegt auch ein monetärer Anreiz vor. Die Voraussetzungen, die für einen Prämienanspruch erfüllt sein müssen, sowie die Höhe der Prämie sollten Unternehmen im Vorfeld nachvollziehbar für die Mitarbeiter definieren und transparent kommunizieren. Der Betriebsrat ist nach § 87 Abs. 1 Nr. 12 BetrVG über die Grundsätze des betrieblichen Vorschlagswesens mitbestimmungspflichtig. Es bietet sich daher an, die Regelungen für das betriebliche Vorschlagswesen in entsprechenden Betriebs- und Dienstvereinbarungen festzuschreiben. Zudem gilt es zu beachten, dass Prämienzahlungen dem Entgelt zugerechnet werden und damit steuer- und sozialversicherungspflichtig sind (vgl. Jentgens & Kamp, 2004, S. 82).

4.4.2.2.3 Betriebsveranstaltungen

Der Wunsch nach Wertschätzung, Anerkennung, Kollegialität und Teamzugehörigkeit nimmt bei immer mehr Arbeitnehmern deutlich zu. Die Unternehmenskultur und das gemeinsame Miteinander haben bedeutsamen Einfluss auf das Wohlbefinden und auf die Arbeitszufriedenheit der Mitarbeiter. Die Bindungsbereitschaft eines Mitarbeiters ist auch von seinen erlebten und wahrgenommenen Beziehungserfahrungen zu seinen Vorgesetzten und Kollegen abhängig. Besonders gemeinnützige Unternehmen, bei denen Mitarbeiter häufig eine hohe tätigkeitsbezogene Verantwortung tragen und nicht selten hohe Überstundenstände aufgrund von Krankheitsvertretungen und dem Ausgleich vakanter Stellen generieren, sind gut beraten, mit Hilfe von Betriebsveranstaltungen einen Ausgleich für ihre Mitarbeiter zu schaffen. Betriebsveranstaltungen können einerseits das soziale Miteinander, also die Kollegialität fördern, und andererseits auch als Dankesgeste für erbrachte Leistungen verstanden werden. Mit Betriebsausflügen, Weihnachtsfeiern, Sommerfesten und Jubiläumsfeiern bieten sich verschiedene Möglichkeiten für Unternehmen, ihren Mitarbeitern mit Wertschätzung und Leistungsanerkennung zu begegnen.

Unternehmen müssen bei Betriebsveranstaltungen jedoch stets deren lohnsteuerrechtliche Behandlung berücksichtigen. Nach § 19 Abs. 1 Satz 1 Nr. 1a Satz 1 EStG sind „Zuwendungen des Arbeitgebers an seinen Arbeitnehmer und dessen Begleitpersonen anlässlich von Veranstaltungen auf betrieblicher Ebene mit gesellschaftlichem Charakter (Betriebsveranstaltungen)" als Einkünfte aus nichtselbständiger Tätigkeit zu werten. Damit sind sie steuer- und sozialversicherungspflichtig. Sofern die Teilnahme an der Betriebsveranstaltung allen Angehörigen des Betriebs oder eines Betriebsteils offensteht und die Zuwendungen den Betrag von 110 Euro je Betriebsveranstaltung und teilnehmenden Arbeitnehmer nicht übersteigt, gehören sie (die Zuwendungen) nicht zu den Einkünften aus nichtselbständiger Tätigkeit (vgl. § 19 Abs. 1 Satz 1 Nr. 1a Satz 3 EStG). Dies gilt für bis zu zwei Betriebsveranstaltungen jährlich (vgl. § 19 Abs. 1 Satz 1 Nr. 1a Satz 4 EStG).

4.4.2.2.4 Steuerfreie Gesundheitsförderung

Förderung und Pflege des kollegialen Miteinanders sind Möglichkeiten für Arbeitgeber, zum Ausgleich und zur Erholung ihrer Mitarbeiter beizutragen. Beschäftigte erleben jedoch in ihrem Arbeitsalltag vielfältige Formen von Belastungen, Stress und emotionalen Herausforderungen. Hinzu kommen häufig private und gesellschaftliche Faktoren, wie die Corona-Pandemie, der Krieg in Europa und die hohe Inflation, die zusätzlich auf die psychische und physische Gesundheit der Arbeitnehmer einwirken. Der durchschnittliche deutschlandweite und von den gesetzlichen Krankenkassen ermittelte Krankenstand liegt im Jahr 2023 bei 6 Prozent. Das bedeutet, dass an einem Kalendertag im Durchschnitt 6 Prozent aller Erwerbstätigen arbeitsunfähig erkrankt waren. Drei Jahre zuvor, 2020, lag der durchschnittliche Krankenstand bei 4,3 Prozent (vgl. Statista Research Department, 2023). Die steigende Zahl an Krankmeldungen sollte Arbeitgebern ein Warnsignal sein und sie dazu veranlassen, in die Gesundheitsförderung ihrer Mitarbeiter zu investieren. Die steuerfreie Gesundheitsförderung als nicht monetärer Anreiz soll zur Gesunderhaltung und zum verbesserten Wohlbefinden der Mitarbeiter am Arbeitsplatz beitragen, den Krankenstand im Unternehmen senken und damit die Leistungserbringung und Produktion des Unternehmens aufrechterhalten oder sogar verbessern.

Nach § 3 Nr. 34 EStG sind steuerfrei „zusätzlich zum ohnehin geschuldeten Arbeitslohn erbrachte Leistungen des Arbeitgebers zur Verhinderung und Verminderung von Krankheitsrisiken und zur Förderung der Gesundheit in Betrieben, die hinsichtlich Qualität, Zweckbindung, Zielgerichtetheit und Zertifizierung den Anforderungen der §§ 20 und 20b des Fünften Buches Sozialgesetzbuch genügen, soweit sie 600 Euro im Kalenderjahr nicht übersteigen". Seifert erläutert mit Bezug auf die Umsetzungshilfe des Bundesministeriums der Finanzen zur steuerlichen Anerkennung von Arbeitgeberleistungen nach § 3 Nr. 34 EStG vom 20. April 2021 (Gz: IV C 5 – S 2342/20/10003 :003), dass Leistungen des Arbeitgebers, die im ganz überwiegend eigenbetrieblichen Interesse erbracht werden, nicht als Arbeitslohn gewertet werden. Damit sei die Befreiung nach § 3 Nr. 34 EStG nicht anzuwenden und es trete kein wertmäßiger Verbrauch der Steuerfreiheit von 600 Euro ein (vgl. Seifert, 2022, S. 352). Leistungen im ganz überwiegend eigenbetrieblichen Interesse seien beispielsweise Leistungen zur Verbesserung von Arbeitsbedingungen, wie Erholungs- und Aufenthaltsräume oder Duschanlagen, Aufwendungen für einen betriebseigenen Fitnessraum, medizinische Gutachten zur Vorbeugung berufsbedingter Beeinträchtigungen, die Arbeitsplatzausstattung sowie Maßnahmen des betrieblichen Eingliederungsmanagements. Zu den steuerfreien Leistungen nach § 3 Nr. 34 EStG gehören hingegen zertifizierte Leistungen, beispielsweise in Form von Präventionskursen der Krankenkassen. Der hier vom Arbeitgeber entrichtete Zuschuss, bis zu einem Freibetrag von 600 Euro kalenderjährlich, ist steuerfrei. Auch nicht zertifizierte Präventionskurse zur individuellen verhaltensbezogenen Prävention können unter bestimmten Voraussetzungen nach § 3 Nr. 34 EStG steuerfrei sein. Sie müssen Bestandteil eines betrieblichen Gesundheitsförderungsprozesses sein, den Anforderungen des § 20b SGB V genügen und allein den Beschäftigten des Arbeitgebers zur Verfügung stehen. Weiter gehört zu den nach § 3 Nr. 34 EStG steuerfreien Leistungen die betriebliche Gesundheitsförderung. Die Leistungen werden durch ein betriebsinternes Gremium gesteuert und die Bedarfe der Mitarbeiter im Vorfeld analysiert. Die Leistungserbringung soll weiter unter Einbindung der Beschäftigten erfolgen und in Form von Gruppen oder Vorträgen stattfinden. Diese sollen sich auf die Handlungsfelder „Stressbewältigung", „Resilienzförderung", „gesundheitsgerechte Ernährung" und „bewegungsförderliches Arbeiten" beziehen (vgl. Seifert, 2022, S. 352 ff.).

Gemeinnützige Unternehmen können im Rahmen steuerfreier Gesundheitsförderung mit vergleichsweise geringem Kostenaufwand die Gesundheit ihrer Mitarbeiter gezielt fördern und so ihre eigene Wirtschaftlichkeit erhöhen. Der nicht monetäre Anreiz der betrieblichen Gesundheitsförderung scheint einen positiven Return on Investment zu haben.

4.4.2.2.5 Flexible Arbeitszeitmodelle

Der Stellenwert der Arbeit hat sich nach Wahrnehmung der Verfasserin für viele Menschen in den letzten Jahrzehnten deutlich verändert. Das Credo „Leben, um zu arbeiten" scheint veraltet und jüngere Generationen tendieren vielmehr zu dem Leitsatz „Arbeite, um zu leben". Eine gute „Work-Life-Balance", ausreichend Zeit für die Familie und Freunde, Flexibilität bei der Wahl des Arbeitsorts und der eigenen Arbeitszeit haben oft eine große Bedeutung für Mitarbeiter. Gemeinnützige Unternehmen müssen, wie andere Unternehmensbranchen auch, Rahmenbedingungen schaffen, die einen Ausgleich zwischen der benötigten Arbeitsleistung des Unternehmens und der erwarteten Lebensqualität des Mitarbeiters schaffen. Die Flexibilisierung der Arbeitszeit und unterschiedliche Modelle der Arbeitszeit scheinen eine Stellschraube für Unternehmen zu sein, um unterschiedliche Bedürfnisse positiv beeinflussen und steuern zu können.

Neben dem meist bekannten und in der Praxis bereits gelebtem Modell der Teilzeit, bei dem eine Reduzierung der wöchentlichen Arbeitszeit ermöglicht wird, ergeben sich nach Hellert eine Vielzahl weiterer Möglichkeiten. Mit Hilfe des Gleitzeit-Modells können Mitarbeiter beispielsweise die Lage und Verteilung ihrer Arbeitszeit eigenständig bestimmen. Meist beinhalten die Gleitzeit-Modelle eine feste Anwesenheitszeit, die sogenannte Kernarbeitszeit. In dieser Zeit müssen die Mitarbeiter zwingend anwesend sein, um ihre Arbeitsleistung zu erbringen. Die Ein- und Ausgleitspanne, die die tägliche Kernarbeitszeit umschließen, können hingegen flexibel für den Beginn und das Ende der täglichen Arbeit genutzt werden (vgl. Hellert, 2022, S. 77). Ein weiteres flexibles Arbeitszeitmodell ist die Vertrauensarbeitszeit. Kernelement ist neben der zielorientierten Aufgabenerledigung die Dokumentation der täglichen Arbeitszeit durch den Mitarbeiter. Ziel- und Ergebnisorientierung, die im Vordergrund stehen, werden durch Zeitautonomie anstatt durch Zeitkontrolle erreicht (vgl. Hellert, 2022, S. 85 f.). Die Wahlarbeitszeit ist hingegen durch die Flexibilisierung des vertraglichen Arbeitszeitvolumens und die flexible Lage und Verteilung der wöchentlichen Arbeitszeit gekennzeichnet. Da dieses Modell in seiner Umsetzung große Ansprüche an die Personalabteilung stellt, sollte die Arbeitszeit und Lage für mindestens ein Jahr mit dem Mitarbeiter festgeschrieben werden. Erst danach kann eine erneute flexible Anpassung der Arbeitszeit und Lage vereinbart werden (vgl. Hellert, 2022, S. 95 f.). Im Bereich der Sozialwirtschaft ist eine flexible Gestaltung von Arbeitszeitmodellen am ehesten für die Mitarbeiter der Service- und Querschnittsfunktionen denkbar. Für Mitarbeiter, die im Schicht- oder Gruppendienst sowie an Wochenenden und Feiertagen im Einsatz sind, um die Betreuung und Versorgung schutz- und hilfebedürftiger Kunden sicherzustellen, kommen flexible Arbeitszeitmodelle in den beschriebenen Dimensionen meist nicht in Frage. Hier gilt es, die Optionen hinsichtlich ihrer Realisierbarkeit genau zu prüfen und alternativ bei der Dienstplangestaltung ein hohes Maß an Partizipation und Mitbestimmung zu ermöglichen.

Neben den skizzierten Arbeitszeitmodellen sind je nach Tätigkeitsschwerpunkt des gemeinnützigen Unternehmens auch Modelle wie Tele-Arbeit, mobile Arbeitszeiten oder Arbeiten zu ungewöhnlichen Zeiten denkbar. Jede Flexibilisierung der Arbeitszeit muss sich jedoch an den rechtlichen Grundlagen, die der Gesetzgeber mit dem ArbZG liefert, messen lassen. Daneben müssen bei der Gestaltung flexibler Arbeitszeitmodelle auch das BetrVG, das ArbSchG, das TzBfG sowie das MuSchG berücksichtigt werden.

4.4.2.2.6 Sabbatical

Neben den bis hierhin vorgestellten monetären und nicht monetären Anreizen zur Mitarbeiterbindung soll ergänzend die Möglichkeit der Inanspruchnahme eines Sabbaticals vorgestellt werden. Während die bereits dargestellten Anreize zu einer sofortigen und langfristigen Bindung des Mitarbeiters beitragen sollen, wird bei einem Sabbatical als nicht monetärem Anreiz zunächst für einen längeren Zeitraum auf den Mitarbeiter verzichtet und mithilfe des Anreizes eine überdauernde Bindungsbereitschaft angestrebt. Nach Polzer gibt es keine gesetzliche Definition des „Sabbatical" Begriffs. Allgemein sei darunter jedoch eine Suspendierung von der Arbeitspflicht zwischen drei und zwölf Monaten zu verstehen. Grundlage sei in der Regel eine Vereinbarung zwischen Arbeitgeber und Arbeitnehmer, die über die übliche Urlaubsregelung hinausgehe. Auch wenn kein gesetzlicher Anspruch auf ein Sabbatical für Arbeitnehmer bestehe, müssten Arbeitgeber jedoch beachten, dass sie bei der Ermöglichung nach einem generalisierenden Prinzip an den allgemeinen arbeitsrechtlichen Gleichbehandlungsgrundsatz gebunden sein können (vgl. Polzer, 2022, S. 608).

Für die konkrete Ausgestaltung des Sabbaticals stehen laut Polzer verschiedene Optionen zur Verfügung. Beispielsweise können zwischen Arbeitgeber und Arbeitnehmer ein Aufhebungsvertrag mit integrierter Wiedereinstellungszusage zu einem fest definierten Zeitpunkt geschlossen werden. Diese Variante bietet sich bei dem Wunsch nach einer längeren Sabbaticalzeit an. Jedoch besteht während des Sabbaticalzeitraums keine sozialversicherungspflichtige Beschäftigung zwischen Arbeitgeber und Arbeitnehmer. Dies ist kostengünstig für den Arbeitgeber und kostenintensiv für den Arbeitnehmer, da er sich eigenständig um seinen Sozialversicherungsschutz während des Sabbaticals kümmern muss. Zudem erhöht sich das Risiko für das Unternehmen, dass ohne rechtliche Bindung der Mitarbeiter während des Sabbaticals einen Arbeitgeberwechsel vollzieht. Damit wäre die mit dem Anreiz angestrebte Bindungsmotivation hinfällig. Um dieses Risiko zu verringern, böte sich nach Polzer eine Vereinbarung über das Ruhen des Arbeitsverhältnisses an (vgl. Polzer, 2022, S. 609). Die gängigste und für beide Parteien vorteilhafteste Praxis scheint hingegen die Vereinbarung eines befristeten Teilzeitarbeitsverhältnisses zu sein. Hierbei baut der Mitarbeiter zunächst ein Zeitguthaben auf seinem Arbeitskonto auf, welches er anschließend einsetzt und für sein Sabbatical nutzt. Der Arbeitnehmer bleibt weiter sozialversicherungspflichtig beschäftigt und bezieht Arbeitsentgelt, welches er zuvor über den Aufbau eines Zeitguthabens erwirtschaftet, jedoch noch nicht ausgezahlt bekommen hat. Sofern ein Sabbatical lediglich in Einzelfällen gewährt wird, besteht keine Mitbestimmungspflicht des Betriebsrates (vgl. Polzer, 2022, S. 610).

5. Bewertung der Anreize nach Legalität und Zweckmäßigkeit

Im folgenden Kapitel werden die einzelnen monetären und nicht monetären Anreize hinsichtlich ihrer Legalität und Zweckmäßigkeit ausgewertet. Hierzu werden die Kategorien „legale, aber nicht zweckmäßige Anreize", „zweckmäßige, aber nicht legale Anreize" und „zweckmäßige und legale Anreize" verwendet.

5.1 Legale, aber nicht zweckmäßige Anreize

Der monetäre Anreiz der **Halteprämie** oder auch **retention bonus** wird von der Verfasserin als legaler, jedoch nicht zweckmäßiger Anreiz bewertet. In Kapitel 4.4.1.2.2 wurde erläutert, dass Halteprämien nach der Rechtsprechung des BAG zulässig sind, sofern sie ausschließlich zur Belohnung der Betriebstreue ausbezahlt werden. Vergütungs- und Entgeltindikatoren sollten hingegen aus Sicht des Unternehmens vermieden werden. Andernfalls besteht die Gefahr, dass eine Halteprämie für unwirksam erklärt wird und damit letztlich ihr Ziel verfehlt. Die aktuelle Rechtsprechung des BAG bezieht sich auf die Zulässigkeit von Halteprämien vor allem aus arbeitsrechtlicher Sicht, nicht jedoch auf ihre Legalität im Rahmen des Gemeinnützigkeitsrechts. Die grundsätzliche Zulässigkeit kann aus Sicht der Verfasserin jedoch auf gemeinnützige Unternehmen übertragen werden, solange die Halteprämie unter dem vom BFH angeführten internen und externen Fremdvergleich keine Unverhältnismäßigkeit aufweist (vgl. BFH v. 12.03.2020 – V R 5/17). Sofern gemeinnützige Unternehmen darauf verzichten, Halteprämien in Form von Prämien mit Entgeltcharakter auszuzahlen, scheint die Gefahr einer vGA aufgrund überhöhter Gehälter gering bis nicht vorhanden zu sein.

Auch wenn die Halteprämie als monetärer Anreiz durchaus die Entstehung des affektiven und normativen Commitments positiv beeinflussen kann, muss von einer deutlich höheren Einflusswirkung auf das kalkulatorische Commitment ausgegangen werden. Da in der vertraglichen Vereinbarung zur Halteprämie auf quantitative und qualitative Zielvorgaben als Voraussetzung sowie auf Danksagungen verzichtet werden sollte, können gemeinnützige Unternehmen mit dem Anreiz kaum konkrete Arbeitsleistungen anerkennen oder die gemeinsame Wertekongruenz zum Ausdruck bringen. Dies wäre jedoch notwendig, um das erwünschte affektive oder normative Commitment zu fördern. Die Halteprämie fördert somit vorrangig das kalkulatorische Commitment. Die Kosten-Nutzen-Abwägung des Mitarbeiters dürfte eindeutig ausfallen: ein stichtagsbezogener Verbleib im Unternehmen stellt einen Nutzen dar – ein vorheriges Ausscheiden würde die Kosten des Mitarbeiters hingegen erhöhen. Auch ist davon auszugehen, dass die Halteprämie, die ausschließlich den Verbleib im Unternehmen honoriert, bei Mitarbeitern mit bereits ausgeprägtem affektiven oder normativen Commitment zum sogenannten „Crowding-Out-Effekt" führt. Die Aussicht auf die Halteprämie wirkt auf die extrinsische Motivation des Mitarbeiters und führt schlimmstenfalls zu einer Verdrängung intrinsischer Motive. Sind gemeinnützige Unternehmen hingegen auf den Erhalt von Spezial- oder Expertenwissen für einen bestimmten Zeitraum angewiesen, beispielsweise im Bereich IT oder Controlling, können Halteprämien zumindest temporär als zweckmäßiges Bindungsinstrument bewertet werden.

5.2 Zweckmäßige, aber nicht legale Anreize

§ 55 Abs. 1 Nr. 3 AO enthält ein Begünstigungsverbot für gemeinnützige Körperschaften, das für die Bewertung der Legalität des monetären Anreizes des **Arbeitgeber-Darlehens** zentral ist: „Die Körperschaft darf keine Person durch Ausgaben, die dem Zweck der Körperschaft fremd sind, oder durch unverhältnismäßig hohe Vergütungen begünstigen". Arbeitgeber-Darlehen, die Mitarbeitern privaten und eigennützigen Konsum ermöglichen, erfüllen nach Bewertung der Verfasserin den Tatbestand einer Begünstigung von Personen durch Ausgaben, die dem Zweck der Körperschaft fremd sind. Mitarbeiter eines gemeinnützigen Unternehmens, die aufgrund ihres Arbeitsvertrags eine angemessene monatliche Vergütung erhalten, sind nicht mittellos oder bedürftig. Ein Arbeitgeber-Darlehen für Mitarbeiter ist daher nach dem Gemeinnützigkeitsrecht nicht legal und sollte von gemeinnützigen Unternehmen vermieden werden, selbst wenn das Darlehen aufgrund seines monetären Anreizwertes positiv auf das kalkulatorische und normative Commitment einwirkt und damit grundsätzlich die Mitarbeiterbindung fördert. Sollte die Satzung der Körperschaft jedoch eine mildtätige Zweckverfolgung beinhalten, könnte das gemeinnützige Unternehmen zinsgünstige oder sogar zinsfreie Darlehen an den nach § 53 Abs. 2 AO definierten hilfe- und unterstützungsbedürftigen Personenkreis vergeben.

An dieser Stelle sei ein weiterführender Gedanke erlaubt: sollten Mitarbeiter gemeinnütziger Unternehmen aufgrund besonderer Umstände selbst in eine Notlage geraten, beispielsweise durch eine Naturkatastrophe wie die der Flut im Ahrtal im Jahr 2021, können sie dem Personenkreis nach § 53 Nr. 2 AO zugeordnet werden. Sofern eine mildtätige Zweckverfolgung satzungsgemäß ist, müsste in dieser Konstellation folglich ein Arbeitgeber-Darlehen an Mitarbeiter legal sein. In solch einer Situation würde der monetäre Anreiz positiv auf das erwünschte affektive Commitment einwirken: gemeinnützige Unternehmen, deren mildtätige Zweckverfolgung auch in Not geratene Mitarbeiter einschließt, fördern mit ihrer erkennbaren organisationalen

Vision die Wertekongruenz und die Identifikation mit dem Unternehmen und damit affektives Commitment.

5.3 Zweckmäßige und legale Anreize

Die **Gratifikation**, also die Zahlung des Arbeitgebers zu bestimmten Anlässen, ist im Sinne der Mitarbeiterbindung ein zweckmäßiger monetärer Anreiz. Gerade das Weihnachtsgeld sowie eine monetäre Aufmerksamkeit zu Dienstjubiläen sind unabhängig von der Berufsbranche gern genutzte Wirkinstrumente von Unternehmen. Es liegt nahe, dass Mitarbeiter in der Sozialwirtschaft eine monetäre Zusatzleistung zu besonderen Anlässen ebenso erwarten wie Mitarbeiter anderer Branchen. Auch die Nennung des Aspekts der „finanziellen Leistungen" im oberen Rankingbereich für Arbeitgeberattraktivitätsfaktoren lässt Rückschlüsse auf die Erwartung von Mitarbeitern zu. Die Gratifikation führt im Idealfall bei dem individuellen Erwartungsabgleich zu einer Übereinstimmung des Soll- und Ist-Wertes des Mitarbeiters, also zu einer Erwartungszufriedenheit. Damit kann sie zu einer stabilisierenden Arbeitszufriedenheit beitragen. Gratifikationen als Form des finanziellen Anreizes wirken zudem positiv auf das affektive, normative und kalkulatorische Commitment. Um die Wirkung auf das für Unternehmen förderliche affektive und normative Commitment zu erhöhen, sollten gemeinnützige Unternehmen in ihrer internen Kommunikation darauf achten, mit der Gratifikation Wertschätzung und Anerkennung für das erbrachte Engagement zum Ausdruck zu bringen. Hier kann ein persönliches Begleit- oder Dankesschreiben für den Mitarbeiter zielführend sein, um die Wirkrichtung des Anreizes im Sinne des Unternehmens positiv zu verstärken.

Im Rahmen des Gemeinnützigkeitsrechts können Gratifikationen unter bestimmten Voraussetzungen als legal bewertet werden. Die Bestimmungen der AO zur Mittelverwendung (§§ 55–57 AO) geben vor, dass diese selbstlos, ausschließlich und unmittelbar erfolgen muss. Für die Bewertung der Legalität der Gratifikation sei an dieser Stelle auf

§ 55 AO verwiesen. In § 55 Abs. 1 Nr. 3 AO heißt es, dass „die Körperschaft [...] keine Person durch Ausgaben, die dem Zweck der Körperschaft fremd sind, oder durch unverhältnismäßig hohe Vergütungen begünstigen [darf]". Dies könnte zunächst zu der Schlussfolgerung führen, dass Gratifikationen zu bestimmten Anlässen nicht legal sind. Mit Verweis auf die Rechtsprechung des BFH vom 12.3.2020 kann hingegen davon ausgegangen werden, dass unter Berücksichtigung des internen und externen Fremdvergleichs keine Unverhältnismäßigkeit und Unangemessenheit festgestellt werden kann, da Gratifikationen branchenübergreifend zur betrieblichen Praxis gehören. Voraussetzung ist sicherlich, dass die Höhe der Gratifikation, beispielsweise beim Weihnachtsgeld, anhand eines festgelegten prozentualen Wertes der letzten zwölf Brutto-Monatsgehälter berechnet wird. Damit wäre die Verhältnismäßigkeit gewahrt. Zudem sollte die Auszahlung der Gratifikation immer in der Erfüllung satzungsgemäßer Zwecke begründet sein. Sofern diese Voraussetzungen erfüllt sind, können Gratifikationen als legaler und zweckmäßiger monetärer Anreiz bewertet werden.

Zu den zweckmäßigen und legalen Anreizen kann auch der monetäre Anreiz der **Übernahme von Fort- und Ausbildungskosten** gezählt werden. Im Rahmen des Gemeinnützigkeitsrechts sollte die Übernahme der Kosten immer dann legal sein, wenn sich die Fortbeziehungsweise Ausbildungsinhalte auf die satzungsgemäße, also die gemeinnützige, mildtätige oder kirchliche Zweckverfolgung beziehen. Gemeinnützige Unternehmen sollten es daher vermeiden, Mitarbeitern kostenintensive inhaltlich zweckfremde Fortbildungen zu finanzieren. Eine mehrwöchige internationale Sprachreise kann positiven Einfluss auf die kalkulatorische und auch in Teilen normative Bindung haben, gemessen an den §§ 55 f. AO wird es sich jedoch bei solch einer Ausgabe, beispielsweise bei einem Träger der Behindertenhilfe, keineswegs um eine selbstlose und ausschließliche Mittelverwendung handeln. Sofern gemeinnützige Unternehmen Kosten für satzungsgemäße Fortbildungsinhalte übernehmen, investieren sie einerseits in die Qualität der Arbeit ihrer Mitarbeiter mit der Chance auf Qualitätsoptimierung und Reputationsstärkung. Andererseits erfüllen sie

entsprechend der Arbeitgeberattraktivitätsfaktoren die Mitarbeiter-
erwartung nach Weiterbildungsmöglichkeiten, investieren somit in
die stabilisierende Arbeitszufriedenheit und erhöhen die Wahrscheinlichkeit, dass Mitarbeiter affektive und normative Bindungsaspekte
entwickeln. Ob und inwieweit gemeinnützige Unternehmen von der
Möglichkeit der Rückzahlungsklausel Gebrauch machen sollten, muss
von Fall zu Fall entschieden werden. Ein Mitarbeiter der Behindertenhilfe beispielsweise, der aus intrinsischer Motivation eigeninitiativ
den Wunsch nach einer SEED-Fortbildung äußert, identifiziert sich
erkennbar mit dem Unternehmen und ist bereits affektiv gebunden.
Eine Rückzahlungsverpflichtung könnte sich damit negativ auf seine
erlebte Wertekongruenz auswirken. Die Möglichkeit, das mit der
Fortbildung erworbene Wissen im Rahmen von internen Schulun-
gen als Multiplikator an Kollegen weiterzuvermitteln, könnte hingegen das affektive Commitment weiter positiv beeinflussen und eine
Rückzahlungsverpflichtung überflüssig machen.

In Kapitel 4.4.1.2.5 sind unterschiedliche Modelle der **arbeit-
geberfinanzierten betrieblichen Altersvorsorge** vorgestellt worden. Im Grundsatz wurde deutlich, dass aus Sicht der Mitarbeiter
eine weitgehende oder sogar vollständig vom Unternehmen finanzierte betriebliche Altersvorsorge lohnenswert ist. Bei dem Modell
der Entgeltumwandlung sollte das Unternehmen bei neuen Mitarbeitern die Bereitschaft haben, bestehende Altersvorsorgeverträge
zu übernehmen. Da davon auszugehen ist, dass die Mitarbeiter eines
gemeinnützigen Unternehmens grundsätzlich zur Zweckverfolgung
und -verwirklichung beitragen und eine prozentual am Bruttogehalt
orientierte betriebliche Altersvorsorge verhältnismäßig im Sinne des
internen und externen Fremdvergleichs sein wird, handelt es sich bei
der betrieblichen Altersvorsorge um eine Mittelverwendung, die die
gesetzliche Vorgabe des § 55 AO nach Selbstlosigkeit erfüllt und somit
legal ist. Einer der genannten Attraktivitätsfaktoren von Arbeitgebern
ist neben der finanziellen Leistung die Sicherheit. Hierin kann neben
der Sicherheit des Arbeitsplatzes in der Gegenwart auch die Sicherheit auf eine zukünftig zu erwartende Altersvorsorge inbegriffen sein.
Der monetäre Anreiz der betrieblichen Altersvorsorge wirkt sich ver-

mutlich zunächst auf das kalkulatorische und normative Commitment aus. Dies ist besonders dann der Fall, wenn der Mitarbeiter bei einem Arbeitgeberwechsel zukünftige Versorgungsansprüche verlieren würde oder der neue Arbeitgeber die bestehende Altersvorsorge nicht übernimmt. Gemeinnützige Unternehmen sind hier gefordert, mit einer internen Marketing- und Kommunikationsstrategie die individuelle Bedeutung der Altersvorsorge hervorzuheben und den Mitarbeitern aufzuzeigen, dass die angestrebte Fürsorge für die Mitarbeiter in ihrer Wirkung sogar über die Betriebszugehörigkeit hinausgeht. Dadurch kann mit der betrieblichen Altersvorsorge zunächst die Bindungsbereitschaft aktiviert und dann vom Unternehmen in die gewünschte Richtung hin zum affektiven Commitment gelenkt werden.

Gemeinnützige Unternehmen sind nicht nur darauf angewiesen die Bindungsbereitschaft ihrer wichtigen Ressource „Mitarbeiter" durch gezielte Anreize zu erhöhen, sondern auch die Stelle der Geschäftsführung durch den monetären Anreiz einer **außertariflichen Geschäftsführervergütung** attraktiv zu gestalten. Kapitel 4.4.1.2.6 und die aufgezeigte Rechtsprechung des BFH haben verdeutlicht, dass gerade im Bereich der Geschäftsführungsvergütung aufgrund einer möglichen Unverhältnismäßigkeit der Vergütung eine zumindest temporäre Aberkennung des Gemeinnützigkeitsstatus nicht unwahrscheinlich ist. Für gemeinnützige Unternehmen ist es von existenzieller Bedeutung, dass die Geschäftsführung über umfassende, professionsübergreifende und stets aktuelle fachliche und persönliche Fähigkeiten und Kompetenzen verfügt. Die außertarifliche Vergütung muss daher eine Höhe aufweisen, die einerseits überhaupt als Anreiz wahrgenommen wird und andererseits im Sinne des Gemeinnützigkeitsrechts legal ist. Entscheidend ist, die Vergütung derart zu gestalten, dass sie gleichermaßen zweckmäßig und legal ist. Sofern die Höhe der Vergütung im externen Fremdvergleich das obere Quartil nicht um mehr als 20 % übersteigt, scheint nach aktueller Rechtsprechung keine Mittelfehlverwendung nach § 55 Abs. 1 Nr. 3 AO vorzuliegen. Damit läge die Vergütung nicht im Bereich einer vGA.

Auch bei einer außertariflichen Geschäftsführervergütung ist davon auszugehen, dass sie sich zunächst positiv auf die Entstehung und

Förderung des kalkulatorischen Commitments auswirkt. Auch wenn das kalkulatorische Commitment in den bisherigen Auswertungen als nicht zweckmäßig bewertet wurde, kann es an dieser Stelle ausreichend sein. So kann kalkulatorisches Commitment auch Ausdruck einer professionellen Distanz zum Unternehmen sein, die ausschließlich an der Sache orientierte Entscheidungen ermöglicht. Die Verfasserin geht jedoch davon aus, dass Geschäftsführer gemeinnütziger Unternehmen aufgrund des ihnen zur Verfügung stehenden Gestaltungsspielraums, der eine autonome, herausfordernde, verantwortungsvolle und sinnstiftende Arbeitsweise impliziert, eine hohe Identifikation mit dem Unternehmen aufweisen und bereits affektiv gebunden sind. Der monetäre Anreiz der außertariflichen Geschäftsführervergütung muss daher nicht zwingend eine weitere affektive Bindungswirkung entfalten.

Einer vergleichbaren Argumentation folgt auch die Bewertung des monetären Anreizes von **Firmenwagen zur privaten Nutzung.** Die Wirkungsreichweite des Anreizes muss insoweit als eingegrenzt betrachtet werden, als der Anreiz in der Regel nur für einen begrenzten und mit bestimmten Funktionen ausgestatteten Mitarbeiterkreis gesetzt wird. Den Anreiz bei einer Vielzahl an Mitarbeitern zu setzen, wird nicht mehr im Bereich der Legalität liegen. Vielmehr würde voraussichtlich gegen § 55 Abs. 1 Nr. 3 AO verstoßen werden und das Finanzamt vermutlich den Vorwurf der vGA erheben. Unabhängig davon dürfte es vermutlich kaum gemeinnützige Unternehmen geben, die wirtschaftlich dazu in der Lage wären, die notwendigen Investitionen zu tätigen. Die Bereitstellung eines Firmenwagens muss daher sowohl hinsichtlich des berechtigten Personenkreises als auch der Art des Fahrzeugs verhältnismäßig sein. Anders als bei rein privatwirtschaftlichen Unternehmen ohne Gemeinnützigkeitsprivileg soll ein Firmenwagen bei gemeinnützigen Unternehmen in der Regel keine oder nur eine sehr geringe repräsentative Funktion erfüllen. Die Mobilität steht im Vordergrund. Firmenwagen werden sich daher auch auf Ebene der Geschäftsführung überwiegend im Bereich der Mittelklassefahrzeuge bewegen, die zwar einen guten Komfort und Sicherheit bieten, jedoch keinen Luxus darstellen sollen.

Ähnlich der außertariflichen Vergütung von Geschäftsführern stellt auch der Firmenwagen zur privaten Nutzung ein außertarifliches Bindungsinstrument dar. Positive Auswirkungen auf das kalkulatorische Commitment sind anzunehmen. Auch hier geht die Verfasserin davon aus, dass, vergleichbar mit dem Geschäftsführer, auch die obere Leitungsebene aufgrund ihrer vielfältigen Gestaltungsspielräume vermehrt affektive Bindungselemente aufweist. Das Risiko, dass durch die mit dem Anreiz verbundene extrinsische Motivation der Crowding-Out-Effekt zum Tragen kommt, wird daher als überschaubar bis gering eingeschätzt.

Ergänzend zu den bisher bewerteten monetären Anreizen besteht mit **Mitarbeiter-Karten** in Form von Benefit- oder Tank-Karten die Möglichkeit, dass Unternehmen für einzelne und gezielt ausgewählte Mitarbeiter einen monetären Anreiz setzen. Gerade Mitarbeitern, die bereits affektiv gebunden sind und eine hohe Identifikation mit dem Unternehmen und den organisationalen Zielen aufweisen, kann damit individuelle Wertschätzung und Dank entgegengebracht werden. Mitarbeiter-Karten können nach Auffassung der Verfasserin, sofern sie als Form der Wertschätzung vom Mitarbeiter wahrgenommen werden, zum Crowding-In-Effekt beitragen: die bereits vorhandene intrinsische Motivation des Mitarbeiters wird durch den externen Anreiz erhöht. Überzeugen Mitarbeiter durch besonderes persönliches Engagement und werden als leistungsstark und unverzichtbar vom Unternehmen wahrgenommen, können Führungskräfte die besondere Leistung in einem persönlichen Gespräch positiv hervorheben und mit der Überreichung einer individuellen Mitarbeiter-Karte honorieren. Da es mittlerweile eine Vielzahl an Anbietern gibt, besteht zudem die Möglichkeit, Karten zu unterschiedlichen Themen bereitzuhalten und im Idealfall die Karte nach den persönlichen Präferenzen des Mitarbeiters auszuwählen.

§ 8 Abs. 2 Satz 11 EStG legt fest, dass „Sachbezüge, die nach Satz 1 zu bewerten sind [Wohnung, Kost, Waren, Dienstleistungen und sonstige Sachbezüge], [...] außer Ansatz [bleiben], wenn die sich nach Anrechnung der vom Steuerpflichtigen gezahlten Entgelte ergebenden Vorteile insgesamt 50 Euro im Kalendermonat nicht übersteigen; die nach Absatz 1 Satz 3 nicht zu den Einnahmen in Geld gehörenden Gutscheine und Geldkarten bleiben nur dann außer Ansatz, wenn sie zusätzlich zum ohnehin geschuldeten Arbeitslohn gewährt werden." Nach Bewertung der Verfasserin besteht auch für gemeinnützige Unternehmen die legale Möglichkeit, Mitarbeiter-Karten zu nutzen. Insbesondere, wenn eine Leistung des Mitarbeiters honoriert wird, die der satzungsgemäßen Zweckverfolgung dient, liegt keine Mittelfehlverwendung nach § 55 Abs. 1 Nr. 3 AO vor. Mitarbeiter-Karten sind damit ein legaler und zweckmäßiger monetärer Anreiz, um gezielt einzelne Mitarbeiter in ihrem affektiven Commitment zu bestärken.

Bei der Bewertung weiterer monetärer Anreize gilt stets die Empfehlung, diese sorgfältig hinsichtlich ihrer Legalität und Zweckmäßigkeit zu prüfen und bei Bedarf die Expertise eines Steuerberaters hinzuzuziehen. Gerade die Grenzen der Gemeinnützigkeit müssen stets im Blick behalten werden. Der von der skizzierten Rechtsprechung vorgenommene Verweis auf den Grundsatz der Verhältnismäßigkeit sowie auf das Institut der vGA nach § 8 Abs. 3 Satz 2 KStG geben hier die Leitplanken für sichere Managemententscheidungen vor.

Im weiteren Verlauf erfolgt noch die Bewertung der **nicht monetären Anreize** hinsichtlich der beiden bekannten Bewertungsdimensionen. Auch wenn mit den nicht monetären Anreizen in der Regel kein unmittelbarer finanzieller Vorteil für die Mitarbeiter verbunden ist, muss der gemeinnützigkeitsrechtliche Rahmen der Mittelverwendung insofern berücksichtigt werden, als monetäre Mittel der gemeinnützigen Körperschaft zur Realisierung einzelner nicht monetärer Anreize eingesetzt werden.

Für den **transformationalen Führungsstil** ist eine Berücksichtigung gemeinnützigkeitsrechtlicher Bedingungen nicht notwendig. Hierbei handelt es sich ausschließlich um einen nicht monetären Anreiz mit sozialem Anreizwert. Sofern das Unternehmen und seine Führungskräfte die rechtlichen Grundsätze des ArbZG, des BetrVG, des ArbSchG, des TzBfG sowie das MuSchG einhalten, ergeben sich keine weiteren rechtlichen Vorgaben, die bei der Umsetzung des transformationalen Führungsstils zu berücksichtigen sind. Ziel des transformationalen Führungsstils ist es, durch gezieltes Führungsverhalten zu einer Internalisierung der organisationalen Werte und Ziele bei den Mitarbeitern beizutragen. Er zielt auf die Identifikation mit dem Unternehmen ab, welches das Kernelement des affektiven Commitments darstellt. Transformationale Führung erfordert auf der Seite der Führungskräfte hohe fachliche als auch persönliche und zwischenmenschliche Kompetenzen. Erleben Mitarbeiter durch das Führungsverhalten, dass ihr Wohlergehen, ihre persönliche Entwicklung und ihre Partizipation zentrales Anliegen des Unternehmens sind, ist von einer positiven Auswirkung auf die Arbeitszufriedenheit auszugehen. Aufgabe von Führung ist es daher, als Vorbild zu partizipativer Beteiligung anzuregen, in der Führungsrolle authentisch aufzutreten, fair zu kommunizieren sowie die Mitarbeiter in ihren Kompetenzen zu fördern. Gelingt es dem Unternehmen, dass die transformationale Führung Teil der Unternehmenskultur wird, kann dies eine Vielzahl an Einflussfaktoren ansprechen, die positiv auf die Entwicklung affektiven und normativen Commitments einwirken. Der transformationale Führungsstil ist damit ein überaus zweckmäßiger und zugleich kostengünstiger nicht monetärer Anreiz im Sinne der Mitarbeiterbindung.

Der nicht monetäre Anreiz des **betrieblichen Vorschlagswesens**, der ohne eine Prämierung von realisierten Verbesserungsvorschlägen auskommt, wird von der Verfasserin in Bezug auf die Mitarbeiterbindung als zweckmäßig bewertet. Mit Einführung eines betrieblichen Vorschlagswesens signalisiert das Unternehmen grundsätzlich, dass es Kompetenzen und versteckte Ideenpotenziale bei seinen Mitarbeitern vermutet und wahrnimmt. Das Vorschlagswesen an sich stellt damit bereits eine Wertschätzung gegenüber den Mitarbeitern dar. Ein partizipativer Führungsstil sowie die selbst wahrgenommene Kompetenz des Mitarbeiters stellen bekannte Einflussgrößen des normativen und affektiven Commitments dar, die mit Hilfe des Vorschlagswesens verstärkt werden. Es ist folglich von einer positiven Wirkung auf das normative und affektive Commitment auszugehen. Gleichwohl gilt es zu beachten, dass gerade für die Entstehung des normativen Commitments die erlebte Gerechtigkeit einen wesentlichen Einflussfaktor darstellt. Dies ist besonders dann von Bedeutung, wenn mit dem Vorschlagswesen eine monetäre Honorierung einhergeht – also ein in Teilen monetärer Anreiz vorliegt. Sofern für die Prämienzahlungen keine klaren Kriterien und Voraussetzungen formuliert werden besteht die Gefahr, dass Auszahlungen als willkürlich oder personenabhängig wahrgenommen werden. Dies wäre für die erwünschte Mitarbeiterbindung kontraproduktiv. Erwarten Mitarbeiter einen gerechten Umgang mit der Prämienauszahlung – wovon auszugehen ist – und stellen bei ihrem individuellen Abgleich mit dem Ist-Wert ein Defizit fest, würde dies die Entstehung der diffusen Arbeitsunzufriedenheit fördern. Auch liegt die Vermutung nahe, dass Mitarbeiter mit einer bereits ausgeprägten affektiven Bindung und intrinsischen Motivation eine Prämierung von umgesetzten Vorschlägen als Irritation ihrer erlebten Wertekongruenz deuten könnten. Dies könnte wiederum die affektive Bindungsqualität gefährden. Gemeinnützige Unternehmen sollten daher genau abwägen, ob eine Prämierung grundsätzlich sinnvoll ist. Nach Auffassung der Verfasserin überwiegen, bezogen auf die Zweckmäßigkeit, die Vorteile des ausschließlich nicht monetären betrieblichen Vorschlagswesens. Hierbei ist es empfehlenswert, dass Mitarbeiter auch dann eine Rückmeldung zu ihrem Verbesserungsvorschlag erhalten, wenn dieser nicht realisierbar ist. Eine transparente Kommunikation und eine Erläuterung der Ablehnungsgründe sind wichtig, um die Effektivität des betrieblichen Vorschlagswesens nicht zu gefährden.

Sofern bei dem betrieblichen Vorschlagswesen auf eine Prämienauszahlung verzichtet wird, ergeben sich keine gemeinnützigkeitsrechtlichen Anforderungen für eine legale Einführung und Umsetzung. Wird von gemeinnützigen Körperschaften hingegen eine monetäre Honorierung realisierter Ideen angestrebt, kann sich die Bewertung der Legalität an der Legalitätsbewertung von Gratifikationen orientieren. Verwiesen sei daher auf § 55 Abs. 1 Nr. 3 AO, der Begünstigungen von Personen durch zweckfremde Ausgaben sowie durch unverhältnismäßig hohe Vergütungen untersagt. Gemeinnützige Unternehmen sollten daher sowohl die Höhe der Prämie als auch die Voraussetzungskriterien der Prämienauszahlung im Vorfeld sorgfältig prüfen. Werden beispielsweise Ideen umgesetzt und prämiert, die nicht der satzungsmäßen mildtätigen, gemeinnützigen oder kirchlichen Zweckverfolgung dienen, laufen gemeinnützige Unternehmen Gefahr, sich dem Vorwurf der Mittelfehlverwendung auszusetzen. Gleiches gilt, wenn Prämien nach internem und externem Fremdvergleich als unverhältnismäßig hoch zu bewerten sind und somit keine selbstlose Mittelverwendung gegeben ist.

Betriebsveranstaltungen zu verschiedenen Anlässen gehören in vielen sozial- und privatwirtschaftlichen Unternehmen zu den bereits etablierten nicht monetären Ansätzen und sind oft fester Bestandteil der Unternehmenskultur. Entsprechend §§ 55–57 AO muss zunächst davon ausgegangen werden, dass Betriebsveranstaltungen, die einen geselligen Charakter haben, im Sinne der gebotenen Mittelverwendung nicht legal sind. Es liegt keine selbstlose, ausschließliche und unmittelbare Mittelverwendung vor. Nach Auslegung dieser Paragraphen gefährden gemeinnützige Unternehmen mit Betriebsveranstaltungen, deren Kosten sie tragen, ihren gemeinnützigkeitsrechtlichen Status. Nach § 58 AO gibt es jedoch eine Reihe von unterschiedlichen Betätigungen, die eine Steuervergünstigung nicht ausschließen. Die gesetzliche Regelung bezüglich Betriebsveranstaltungen findet sich konkret in § 58 Nr. 7 AO, der besagt, dass „[d]ie Steuerbegünstigung [...] nicht dadurch ausgeschlossen [wird], dass eine Körperschaft gesellige Zusammenkünfte veranstaltet, die im Vergleich zu ihrer steuerbegünstigten Tätigkeit von untergeordneter Bedeutung sind". Betriebsveranstaltungen gefährden damit nicht grundsätzlich den gemeinnützigkeitsrechtlichen Status und sind unter der Voraussetzung der untergeordneten Bedeutung legal. Es ist davon auszugehen, dass Betriebsveranstaltungen, bei denen beispielsweise die Mitarbeiter für ein Wochenende in exklusive Hotels eingeladen werden oder teure Musiker sowie prominente Gäste mit hohen Gagen auftreten, diese Voraussetzung nicht erfüllen und eine steuerschädliche Betätigung darstellen. Nach § 19 Abs. 1 Satz 1 Nr. 1a Satz 3 EStG gehören Zuwendungen, die den Betrag von 110 Euro je Betriebsveranstaltung und teilnehmendem Arbeitnehmer nicht übersteigen, nicht zu den Einkünften aus nichtselbständiger Tätigkeit. Nach Bewertung der Verfasserin sollten sich gemeinnützige Unternehmen an den Betrag von 110 Euro als oberen Grenzwert halten.

Überschreiten die Kosten für bis zu zwei Betriebsveranstaltungen je Kalenderjahr und Mitarbeiter diesen Betrag nicht, ist von einer unschädlichen Betätigung auszugehen.

Gelingt es gemeinnützigen Unternehmen neben der Förderung der Kollegialität durch das gesellige Beisammensein auch Dank, Anerkennung und Wertschätzung zum Ausdruck zu bringen, kann der Anreiz hinsichtlich seiner affektiven und normativen Bindungswirkung als zweckmäßig bewertet werden.

Ebenso kann die **steuerfreie Gesundheitsförderung** als legaler und zweckmäßiger Anreiz im Sinne der Mitarbeiterbindung gewertet werden. Erfolgt diese durch Leistungen, die ganz überwiegend im eigenbetrieblichen Interesse erbracht werden, wie beispielsweise in Form von Aufenthaltsräumen oder eines betriebseigenen Fitnessraums, werden sie nicht auf den Arbeitslohn angerechnet und sind grundsätzlich steuerfrei. Daneben haben Unternehmen die Möglichkeit nach § 3 Nr. 34 EStG zertifizierte Leistungen sowie Leistungen zur betrieblichen Gesundheitsförderung anzubieten. Sofern diese Leistungen 600 Euro je Mitarbeiter und Kalenderjahr nicht übersteigen, sind sie steuerfrei. Maßnahmen, die unter diese Kategorie fallen, sind nach Bewertung der Verfasserin legal im Sinne des Gemeinnützigkeitsrechts. Die Mitarbeiter einer gemeinnützigen Körperschaft dienen unmittelbar der satzungsgemäßen Zweckverfolgung – unabhängig davon, ob sie im Rahmen der personellen Dienstleistung oder in Service- und Querschnittsabteilungen ihre Arbeit verrichten. Eine Mittelverwendung, die der Gesunderhaltung und Gesundheitsförderung der Mitarbeiter zugutekommt, muss daher als ein den §§ 55 und 56 AO entsprechende selbstlose und ausschließliche Mittelverwendung bewertet werden.

Legen Unternehmen durch gezielte Maßnahmen Wert auf die Gesunderhaltung ihrer Mitarbeiter und auf die Verbesserung von Arbeitsbedingungen, kann dies als Wertschätzung der Mitarbeiter gewertet werden und hat einen positiv prägenden Charakter auf die Unternehmenskultur. Gemeinnützige Unternehmen, die am Wohlergehen ihrer Mitarbeiter interessiert sind, investieren nicht nur in Maßnahmen zur Reduzierung des Krankenstandes, sondern auch in die Arbeitszufriedenheit und Mitarbeiterbindung.

Flexible Arbeitszeitmodelle in Form von Gleitzeit-Modellen, Vertrauensarbeitszeit oder Wahlarbeitszeit sind allesamt nicht monetäre Anreize, die hinsichtlich ihrer Wirkkraft und Wirkrichtung auf die Mitarbeiterbindung als zweckmäßig bewertet werden können. Mitarbeiter stehen aufgrund der modernen und schnelllebigen Gesellschaft immer häufiger vor der Herausforderung, ihre berufliche und private Situation miteinander in Einklang zu bringen. Möchten gemeinnützige Unternehmen ihre leistungsstarken Mitarbeiter langfristig an sich binden, sind sie gefordert, mit flexiblen Arbeitszeitmodellen auf die je nach Lebensabschnitt wechselnden Bedürfnisse ihrer Mitarbeiter zu reagieren. Führungskräfte können proaktiv Veränderungsmöglichkeiten in der Arbeitszeitgestaltung aufzeigen und damit auf die spezifischen Motive des Mitarbeiters eingehen. Diese erleben, dass ihr Arbeitgeber flexibel auf ihre Bedürfnisse reagiert und den persönlichen Wert ihres Privatlebens anerkennt. Sie erfahren damit nicht nur Wertschätzung ihrer Person, sondern auch das Gefühl von Sicherheit. Für Veränderungen in der eigenen Lebenswirklichkeit können kompatible Lösungen gefunden werden und es bedarf nicht zwangsläufig eines Arbeitgeberwechsels, um neue und passende Arbeitszeitbedingungen vorzufinden. Je individueller nach passgenauen Arbeitszeitmodellen mit den Mitarbeitern gesucht wird, desto größer ist die Chance einer positiven Auswirkung auf alle drei Komponenten des organisationalen Commitments.

Aus dem Gemeinnützigkeitsrecht ergeben sich neben den einzuhaltenden arbeitsrechtlichen Vorgaben keine weiteren Anforderungen, die gemeinnützige Unternehmen bei der Realisierung flexibler Arbeitszeitmodelle berücksichtigen müssten.

Gleiches gilt für den nicht monetären Anreiz des **Sabbaticals**, welcher in der Regel mit einer Vereinbarung über ein befristetes Teilzeitarbeitsverhältnis realisiert wird. Auch hier werden von dem gemeinnützigen Unternehmen keine monetären Mittel zusätzlich zu den ohnehin anfallenden Personalkosten verwendet. Damit ist der Anreiz legal im Sinne des Gemeinnützigkeitsrechts.

Auch wenn der Anreiz des Sabbaticals zur Mitarbeiterbindung aktuell sicherlich noch eine neue und durchaus herausfordernde

Anreizvariante gerade für gemeinnützige Unternehmen darstellt, so kann er doch als zweckmäßig bewertet werden. Herausfordernd ist ein Sabbatical unter anderem deshalb, weil die Arbeitskraft des Mitarbeiters für die Zeit des Sabbaticals ersetzt werden muss. Andernfalls führt der Anreiz lediglich zu einer Erhöhung vakanter Stellen. Gelingt es dem Unternehmen jedoch, eine für alle Beteiligten tragfähige Lösung anzubieten und mit dem Mitarbeiter während des Sabbaticals regelmäßig in Kontakt zu bleiben, stellt dieser nicht monetäre Anreiz eine hohe Form der Wertschätzung dar. Da der Anreiz auf das affektive und normative Commitment wirkt, wird er sich positiv auf die langfristige Bindungsbereitschaft auswirken.

6. Fazit und Handlungsempfehlungen für das Management von gemeinnützigen Unternehmen

Robert Bosch zahlte einst gute Löhne für gute Arbeit, weil er es konnte. Er erkannte den Zusammenhang von Leistung und Zufriedenheit. Er verstand, dass eine gerechte Bezahlung dazu führte, dass die Menschen sich mehr leisten konnten und zufriedener waren. Sie bemerkten, dass Leistung sich lohnt und wurden dadurch motiviert. Davon profitierte das Unternehmen von Robert Bosch und er konnte gute Löhne zahlen.

Diese Erkenntnis hat auch heute noch Gültigkeit, jedoch reicht eine gerechte Entlohnung als Anreiz nicht mehr aus, um Mitarbeiter langfristig in ihren Motiven zu befriedigen und an das Unternehmen zu binden. Eine gerechte Entlohnung wird heute vielmehr vorausgesetzt. Die Erwartungen der Mitarbeiter haben sich aufgrund des gesellschaftlichen Wandels verändert und neben das Bedürfnis nach einer gerechten Bezahlung sind eine Vielzahl weiterer Motive getreten. Die daraus abzuleitenden Maßnahmen stellen heutige Unternehmen vor Herausforderungen. Diese Herausforderungen sind umso größer, wenn Unternehmen die Grenzen des Gemeinnützigkeitsrechts bei der Gestaltung monetärer und nicht monetärer Anreize einhalten müssen. Die zu Beginn der Arbeit aufgestellte Arbeitshypothese, dass gemeinnützige Unternehmen im Vergleich zu Wirtschaftsunternehmen deutlich eingeschränkter sind, hat sich im Verlauf der Arbeit nicht bestätigt.

Zwar muss die Geschäftsführung eine selbstlose, ausschließliche und unmittelbare Mittelverwendung sicherstellen; sie kann aber durchaus monetäre und nicht monetäre Anreize setzen, sofern diese nach internem und externem Fremdvergleich nicht unverhältnismäßig sind. Es konnten diverse monetäre und nicht monetäre Anreize aufgeführt und im Sinne des Gemeinnützigkeitsrechts als legal bewertet werden. Daher muss auch die zweite Arbeitshypothese als widerlegt betrachtet werden: Gemeinnützige Unternehmen müssen nicht primär auf nicht monetäre Anreize setzen, sondern können auch gezielt monetäre Anreize für die Mitarbeiterbindung gestalten. Entscheidend für die Gestaltung von Anreizsystemen ist allerdings nicht nur eine Bewertung der Anreize hinsichtlich ihrer Legalität, sondern auch hinsichtlich ihrer Zweckmäßigkeit. Die Effektivität gemeinnütziger Unternehmen hängt maßgeblich davon ab, ob es ihnen gelingt, affektives und normatives Commitment bei ihren Mitarbeitern zu erzeugen. Mitarbeiter, die lediglich aufgrund einer Kosten-Nutzen-Abwägung im Unternehmen verbleiben, also kalkulatorisch gebunden sind, werden kaum langfristig zum Unternehmenserfolg beitragen. Da monetäre Anreize alle drei Commitment-Komponenten positiv beeinflussen und somit auch die Entstehung lediglich kalkulatorischer Bindung fördern, sollten gemeinnützige Unternehmen monetäre Anreize sorgfältig wählen. Auch nicht monetäre Anreize können sich förderlich auf die Entstehung kalkulatorischen Commitments auswirken. Ihre Wirkung auf das affektive und normative Commitment ist jedoch größer. Die dritte Arbeitshypothese ging davon aus, dass die Bindungswirkung nicht monetärer Anreize deutlich höher ist als die der monetären Anreize und daher der Fokus gemeinnütziger Unternehmen grundsätzlich auf dem Setzen nicht monetärer Anreize liegen sollte. Die Hypothese kann weder bestätigt noch verworfen werden. Die Bindungswirkung nicht monetärer Anreize ist nicht grundsätzlich höher, da auch monetäre Anreize binden; jedoch wirken nicht monetäre Anreize vornehmlich positiv auf das erwünschte affektive und normative Commitment.

Bei der Gestaltung von Anreizsystemen sollte das Management gemeinnütziger Unternehmen stets berücksichtigen, welche Motive des Mitarbeiters durch das Setzen von monetären und nicht monetären

Anreizen aktiviert werden und welche Commitment-Komponenten der jeweilige Anreiz fördert. Die Berücksichtigung der von Maslow skizzierten Defizit- und Wachstumsbedürfnisse sowie der Hygienefaktoren und Motivatoren nach Herzberg ist hilfreich, um einen grundlegenden Überblick über Motive der Mitarbeiter zu erhalten. Dies ersetzt jedoch nicht die „interne Marktforschung", über die das Management konkrete Informationen zur Anreizgestaltung gewinnen kann. Nicht alle Motive von Mitarbeitern haben einen überdauernden Langzeitbezug, sondern können sich je nach Lebens- und Gesellschaftssituation verändern. Darauf sollten gemeinnützige Unternehmen reagieren und im Idealfall ein variables Portfolio an monetären und nicht monetären Anreizen anbieten. Mitarbeiter sollten daher als interne Kunden verstanden werden, die proaktiv darin unterstützt werden, die für ihre Lebenssituation passende Auswahl an Anreizen zusammenzustellen. Gelingt es gemeinnützigen Unternehmen, ein dynamisches Anreizsystem zu etablieren, erhöht dies wahrscheinlich die Chancen auf eine langfristige Mitarbeiterbindung. Sofern Unsicherheiten bei der Auswahl legaler Anreize bestehen, sollten gemeinnützige Unternehmen die Beratung eines Fachanwalts für Steuerrecht oder eines Steuerberaters in Anspruch nehmen. Die Beratungskosten sind im Zweifel geringer als die Kosten der Aberkennung der Gemeinnützigkeit. Auch wenn der Verstoß einzelner Anreize gegen die gesetzlichen Vorgaben für die Mittelverwendung vom Finanzamt als geringfügig eingeschätzt wird und es nicht zu einer Aberkennung der Gemeinnützigkeit kommt, würde voraussichtlich eine unternehmensseitige Rücknahme des jeweiligen Anreizes aus dem Anreizportfolio die Folge sein. Der daraus entstehende interne Reputationsschaden kann weitreichende Auswirkungen auf die Bindungsqualität der Mitarbeiter haben und sollte vermieden werden. Die im Anhang befindliche Tabelle liefert der Managementebene gemeinnütziger Unternehmen einen Überblick über einzelne monetäre und nicht monetäre Anreize mit einer Bewertung der Legalität, Zweckmäßigkeit und Wirkrichtung. Dem Ziel der Arbeit folgend, soll sie einen schnell erfassbaren Beitrag zu einem zweckmäßigen, rechtskonformen und zeitgemäßen Managementhandeln in gemeinnützigen Unternehmen leisten.

7. Literaturverzeichnis

Aichberger, T., & Kallos, C. (2023). Gratifikation. In K. Weber (Hrsg.), *Rechtswörterbuch, 30. Edition*. München.

Alber, M. (2018). *Gemeinnützigkeit im Ertragsteuerrecht – Kommentar zu § 5 Abs. 1 Nr. 9 KStG und zu Umstrukturierungen bei steuerbefreiten Körperschaften*. Stuttgart: Schäffer-Poeschel Verlag.

Becker, F. (2019). *Mitarbeiter wirksam motivieren – Mitarbeitermotivation mit der Macht der Psychologie*. Berlin: Springer-Verlag GmbH Deutschland.

Beckmann, J., & Heckhausen, J. (2018). Motivation durch Erwartung und Anreiz. In J. Heckhausen, & H. Heckhausen (Hrsg.), *Motivation und Handeln, 5. Auflage* (S. 119–162). Berlin: Springer-Verlag GmbH Deutschland.

Birk, D., Desens, M., & Tappe, H. (2017). *Steuerrecht, 20. Auflage*. Heidelberg: C. F. Müller Verlag.

BOSCH Communications & Governmental Affairs. (5. Juni 2020). *Robert Bosch: Leben und Werk*. Abgerufen am 20. Juli 2023 von Historische Publikationen: https://www.bosch.com/de/unternehmen/unsere-geschichte/historische-publikationen/

Bruggemann, A., Groskurth, P., & Ulich, E. (1975). *Arbeitszufriedenheit*. Bern: Verlag Hans Huber.

Christ, F., & Weiss-Bölz, V. (2019). „Plötzlich Unternehmer – Mitarbeiter-motivation und Mitarbeiterbindung von Führungskräften. *DStR*, S. 2425–2428.

Cornelsen Verlag GmbH (Hrsg.). (2023 a). *Duden*. Abgerufen am 28. Mai 2023 von https://www.duden.de/rechtschreibung/Zweck#Bedeutung-1

Cornelsen Verlag GmbH (Hrsg.). (2023 b). *Duden*. Abgerufen am 28. Mai 2023 von https://www.duden.de/rechtschreibung/Legalitaet

Cremers, O. (2022). *Steuerliche Gemeinnützigkeit und allgemeine Rechts-ordnung*. Baden-Baden: Nomos Verlagsgesellschaft.

Dörr, S. (2008). *Motive, Einflussstrategien und transformationale Füh-rung als Faktoren effektiver Führung*. München und Mering: Rainer Hampp Verlag.

Drabe, D. (2014). *Strategisches Aging Workforce Management. Eine Unter-suchung der Determinanten und Implikationen von Mitarbeiter-zufriedenheit bei Beschäftigten unterschiedlichen Alters*. Hamburg: Springer Gabler.

Drumm, H. (2005). *Personalwirtschaft, 5. Auflage*. Berlin: Heidelberg Springer.

Eichholz, R. (2018). Mitarbeiter finden, binden und motivieren mittels steuer- und sozialabgabenfreier Sachleistungen. *BC – Zeitschrift für Bilanzierung, Rechnungswesen und Controlling*, S. 231–237.

Feinstein, I., Habich, J., & Spilker, M. (September 2022). *Nachhaltigkeit aus Sicht der Arbeitnehmer:innen*. (Bertelsmann Stiftung, & Ipsos GmbH, Hrsg.) Abgerufen am 24. Juni 2023 von https://www.bertels-mann-stiftung.de/de/publikationen/publikation/did/nachhaltigkeit-aus-sicht-der-arbeitnehmerinnen

Ferreira, Y. (2020). *Arbeitszufriedenheit – Grundlagen, Anwendungsfelder, Relevanz*. Stuttgart: W. Kohlhammer GmbH.

Fittkau, K.-H., & Reinhardt, H. (2023). *Burnout und Commitment – Die Stärkung des organisationalen Commitments als Möglichkeit der Burn-out-Prävention*. Wiesbaden: Springer Fachmedien GmbH.

Gonschorrek, U. (2004). Das Service-Center im Personalbindungs-management. In R. Bröckermann, & W. Pepels (Hrsg.), *Personal-*

bindung – Wettbewerbsvorteil durch strategisches Human Resource Management (S. 197–224). Berlin: Erich Schmidt Verlag GmbH u. Co.

Griese, T. (2023). Arbeitgeberdarlehen. In J. Röller (Hrsg.), *Personalbuch 2023 – Arbeitsrecht, Lohnsteuerrecht, Sozialversicherungsrecht, 30. Auflage.* München: Verlag C.H. Beck.

Hellert, U. (2022). *Arbeitszeitmodelle der Zukunft – Arbeistzeiten flexibel und attraktiv gestalten, 3. Auflage.* Freiburg: Haufe-Lexware GmbH & Co. KG.

Hermann, A., & Zimmermann, T. (März 2020). *StepStone Report Arbeitgeberattraktivität.* (StepStone GmbH, Herausgeber) Abgerufen am 24. Juni 2023 von https://www.stepstone.de/e-recruiting/wp-content/uploads/2020/07/StepStone-Report-Arbeitgeberattraktivitaet.pdf

Hüttemann, R. (2018). *Gemeinnützigkeits- und Spendenrecht, 4. Auflage.* Köln: Verlag Dr. Otto Schmidt KG.

Jensen, C. (2022). *Personalmanagement in Non-Profit-Organisationen – Besonderheiten, Rahmenbedingungen und Herausforderungen.* Wiesbaden: Springer Gabler.

Jentgens, B., & Kamp, L. (2004). *Betriebliches Verbesserungsvorschlagswesen – Analyse und Handlungsempfehlungen.* Frankfurt am Main: Bund-Verlag GmbH.

Jung, H. (2017). *Personalwirtschaft, 10. Auflage.* Berlin: Walter de Gruyter GmbH.

Kanning, U. P. (2017). *Personalmarketing, Employer Branding und Mitarbeiterbindung.* Osnabrück: Springer-Verlag.

Kirchhain, C. (2023). § 7 Finanzierung der gemeinnützigen Tätigkeiten. In C. Kirchhain, & S. Schauhoff (Hrsg.), *Handbuch der Gemeinnützigkeit, 4. Auflage.* München: Verlag C.H. Beck.

Knoblauch, R. (2004). Instrumente des Personalbindungsmanagement. In R. Bröckermann, & W. Pepels (Hrsg.), *Personalbindung – Wettbewerbsvorteil durch strategisches Human Resource Management* (S. 101–130). Berlin: Erich Schmidt Verlag GmbH u. Co.

Köbler, G. (2002). *Juristisches Wörterbuch – Fürs Studium und Ausbildung, 11. Auflage.* München: Verlag Vahlen.

KOFA (Hrsg.). (2023). *Fachkräftesituation nach Berufen und Regionen.* Abgerufen am 7. Juni 2023 von https://www.kofa.de/daten-und-fakten/regionale-daten/arbeitsmarkt-nach-berufen-und-regionen/

Kraus, E.-M. (2023). § 6 Gemeinnützigkeit. In C. Kirchhain, & S. Schauhoff (Hrsg.), *Handbuch der Gemeinnützigkeit, 4. Auflage.* München: Verlag C.H. Beck.

Kühl, S. (2020). *Organisationen – Eine sehr kurze Einführung, 2. Auflage.* Wiesbaden: Springer Fachmedien GmbH.

Kunz, G. (2003). *Führen durch Zielvereinbarungen – im Change-Management Mitarbeiter erfolgreich motivieren.* München: C.H. Beck Wirtschaftsverlag.

Linck, R. (2021). § 35 Kontrolle Allgemeiner Geschäftsbedingungen. In G. Schaub (Hrsg.), *Arbeitsrechts-Handbuch, 19. Auflage.* München: Verlag C.H. Beck.

Lingemann, S., & Kreis, S. (2021). Der Preis der reinen Betriebstreue – Halteprämien. *Neue Zeitschrift für Arbeitsrecht (NZA)*, S. 381–387.

Locke, E. (1969). What is Job Satisfaction? *In: Organizational Behavior And Human Performance* (4), S. 309–336.

Maslow, A. (1943). A theory of human motivation. *In: Psychological Review* (50), S. 370–396.

Meyer, J., & Allen, N. (1991). A three-component conceptualization of organizational commitment. *Human resource management review, 1* (1), S. 61–89.

Neuberger, O. (1974). *Theorien der Arbeitszufriedenheit.* Stuttgart: W. Kohlhammer GmbH.

Opaschowski, H. (1991). Von der Geldkultur zur Zeitkultur. Neue Formen der Arbeitsmotivation für zukunftsorientiertes Management. In G. Schanz (Hrsg.), *Handbuch Anreizsysteme in Wirtschaft und Verwaltung* (S. 35–51). Stuttgart: Carl Ernst Poeschel Verlag.

Pelz, W. (2012). Transformationale Führung. *interview Magazin* (4), S. 42–43.

Pepels, W. (2004). Personalzufriedenheit und Zufriedenheitsmessung. In R. Bröckermann, & W. Pepels (Hrsg.), *Personalbindung – Wett-*

bewerbsvorteil durch strategisches Human Resource Management (S. 51–81). Berlin: Erich Schmidt Verlag GmbH u. Co.

Polzer, N. (2022). Das Sabbatical als Instrument der Mitarbeiterbindung. ArbRAktuell, S. 608–611.

Reischl, S. (2008). Committed to Burnout? Eine Untersuchung über den Zusammenhang von Organizational Commitment und Burnout. Hamburg: Diplom.de.

Rosenski, N. (2012). Die wirtschaftliche Bedeutung des Dritten Sektors. In Statistisches Bundesamt (Destatis) (Hrsg.), Auszug aus Wirtschaft und Statistik, Unternehmensregister (S. 209–218). Wiesbaden.

Rudnicka, J. (1. Juni 2023 a). statista. Abgerufen am 7. Juni 2023 von Berufsgruppen mit den meisten offenen Arbeitsstellen 2023: https://de.statista.com/statistik/daten/studie/310264/umfrage/verteilung-der-offenen-arbeitsstellen-in-deutschland-nach-berufsklassen/

Rudnicka, J. (6. Juni 2023 b). statista. Abgerufen am 10. Juni 2023 von Verteilung der Bruttowertschöpfung in Deutschland nach Wirtschaftszweigen 2022: https://de.statista.com/statistik/daten/studie/252123/umfrage/anteil-der-wirtschaftszweige-an-der-bruttowertschoepfung-in-deutschland/

Sass, E. (2019). Mitarbeitermotivation, Mitarbeiterbindung – Was erwarten Arbeitnehmer? Wiesbaden: Springer Gabler.

Schanz, G. (1991). Motivationale Grundlagen der Gestaltung von Anreizsystemen. In G. Schanz (Hrsg.), Handbuch Anreizsysteme in Wirtschaft und Verwaltung (S. 3–30). Stuttgart: Carl Ernst Poeschel Verlag.

Schellberg, K. (2010). Der Social Return on Investment als ein Konzept zur Messung des Mehrwerts des Sozialen. Nürnberg: xit GmbH forschen. planen. beraten.

Schmid, B. E. (2009). Vom Schatten herrschender Verhältnisse oder: Was fördert Organisationales Commitment? Journal Psychologie des Alltagshandelns (2), S. 22–32.

Schneiders, K., & Schönauer, A.-L. (2022). Fachkräftemangel in der Sozialwirtschaft: Empirische Befunde zu Ursachen und Handlungsbedarfen. In C. Gehrlach, M. von Bergen, & K. Eiler (Hrsg.), Zwischen *gesellschaftlichem Auftrag und Wettbewerb* (S. 355–370). Wiesbaden: Springer VS.

Schüßler, M., & Weller, I. (2017). Organisationales Commitment. In A. Martin (Hrsg.), *Organizational Behaviour – Verhalten in Organisationen, 2. Auflage* (S. 234–253). Stuttgart: W. Kohlhammer GmbH.

Seeck, B., & Wackerbeck, A. (2022). Aberkennung der Gemeinnützigkeit – Wenn die rote Linie überschritten ist. *DStR*, S. 633–640.

Seifert, M. (2022). Aktuelles zur Lohnsteuer – Betriebsveranstaltungen, steuerfreie Gesundheitsförderung. *DStZ*, S. 348–356.

Statista Research Department. (Juli 2023). *statista*. Abgerufen am 15. Juli 2023 von Durchschnittlicher Krankenstand in der gesetzlichen Krankenversicherung (GKV) in den Jahren 1991 bis 2023: https://de.statista.com/statistik/daten/studie/5520/umfrage/durchschnittlicher-krankenstand-in-der-gkv-seit-1991/

Statistisches Bundesamt (Destatis) (Hrsg.). (2023 a). *Demografischer Wandel und Bevölkerungszahl*. Abgerufen am 8. Juni 2023 von https://www.destatis.de/DE/Themen/Querschnitt/Demografischer-Wandel/textbaustein-taser-blau-bevoelkerungszahl.html?nn=238640

Statistisches Bundesamt (Destatis) (Hrsg.). (2023 b). *Bevölkerung im Erwerbsalter sinkt bis 2035 voraussichtlich um 4 bis 6 Millionen*. Abgerufen am 8. Juni 2023 von https://www.destatis.de/DE/Presse/Pressemitteilungen/2019/06/PD19_242_12411.html

Statistisches Bundesamt (Destatis) (Hrsg.). (2023 c). *Beschäftigungsstatistik – Sozialversicherungspflichtig Beschäftigte am Arbeitsort*. Abgerufen am 8. Juni 2023 von https://www.destatis.de/DE/Themen/Arbeit/Arbeitsmarkt/Erwerbstaetigkeit/Tabellen/insgesamt.html

Stock-Homburg, R. (2012). *Der Zusammenhang zwischen Mitarbeiter- und Kundenzufriedenheit. Direkte, indirekte und moderierende Effekte, 5. Auflage*. Wiesbaden: Gabler Verlag.

Stührenberg, L. (2004). Ökonomische Bedeutung des Personalbindungsmanagmentas für Unternehmen. In R. Bröckermann, & W. Pepels (Hrsg.), *Personalbindung – Wettbewerbsvorteile durch strategisches Human Resource Management* (S. 33–50). Berlin: Erich Schmidt Verlag GmbH & Co.

Tipke, K., & Lang, J. (2018). *Steuerrecht, 23. Auflage.* Köln: Verlag Dr. Otto Schmidt KG.

Weibler, J., Kuhn, T., & Rapsch, A. (2012). *Personalführung, 2. Auflage.* München: Vahlen.

Wendt, W. R. (2022). Sozialwirtschaft. In Deutschen Verein für öff. und pr. Fürsorge e. V. (Hrsg.), *Fachlexikon der Sozialen Arbeit, 9. Auflage.* Baden-Baden: Nomos Verlagsgesellschaft.

Wunderer, R. (2011). *Führung und Zusammenarbeit – Eine unternehmerische Führungslehre, 9. Auflage.* Köln: Wolters Kluwer Deutschland GmbH.

Zimmer, A., & Paul, F. (2018). Zur volkswirtschaftlichen Bedeutung der Sozialwirtschaft. In K. Grunwald, & A. Langer (Hrsg.), *Sozialwirtschaft – Handbuch für Wissenschaft und Praxis* (S. 103–117). Baden-Baden: Nomos Verlagsgesellschaft.

8. Anhang

Überblick der Anreizmöglichkeiten für die Managementebene

Anreiz	Legalität	Zweckmäßigkeit	Bemerkung
Gratifikation	✓	✓	• fördert alle drei Commitment- Komponenten • Wirkrichtung auf affektives und normatives Commitment kann durch kommunizierte Wertschätzung erhöht werden
Halte- oder Bleibeprämie	✓	–	• fördert vorrangig kalkulatorisches Commitment • Gefahr des „Crowding-Out-Effekts"
Arbeitgeber-Darlehen	–	✓	• erfüllt den Tatbestand einer Mittelfehlverwendung • fördert vorrangig kalkulatorisches und normatives Commitment
Arbeitgeber-finanzierte betriebliche Altersvorsorge	✓	✓	• fördert vorrangig kalkulatorisches und normatives Commitment • Wirkrichtung auf affektives Commitment kann durch interne Kommunikationsstrategien erhöht werden

Anreiz	Legalität	Zweckmäßigkeit	Bemerkung
Geschäfts-führerver-gütung	✓	✓	• Vergütung muss derart gestaltet werden, dass sie zweckmäßig und legal ist • fördert vorrangig kalkulatorisches Commitment
Firmen-wagen zur privaten Nutzung	✓	✓	• muss hinsichtlich des berechtigten Mitarbeiter-kreises als auch der Art des Fahrzeugs verhältnismäßig sein • fördert vorrangig kalkulatorisches Commitment
Lohnsteuer- und sozial-abgabefreie Sachleistungen	✓	✓	• fördern affektives Commitment, sofern sie mit indivi-dueller Wertschätzung ver-bunden sind • Chance auf „Crowding-In-Effekt"
Transfor-mationaler Führungsstil	✓	✓	• ausschließlich nicht mone-tärer Anreiz mit sozialem Anreizwert • fördert vorrangig affektives und normatives Commit-ment
Betriebliches Vorschlags-wesen	✓	✓	• fördert vorrangig affektives und normatives Commit-ment, sofern auf monetäre Prämierung verzichtet wird • bei Auszahlung einer Prämie muss im Vorfeld eine Prü-fung hinsichtlich Höhe und Auszahlungsvoraussetzung erfolgen
Betriebsver-anstaltungen	✓	✓	• Zuwendungen sollten den Betrag von 110 Euro je Betriebsveranstaltung und Mitarbeiter nicht über-steigen • fördern vorrangig affektives und normatives Commit-ment

Anreiz	Legalität	Zweckmäßigkeit	Bemerkung
Steuerfreie Gesundheitsförderung	✓	✓	• hat einen positiv prägenden Charakter auf die Unternehmenskultur und kann grundsätzlich zur Arbeitszufriedenheit und Mitarbeiterbindung beitragen
Flexible Arbeitszeitmodelle	✓	✓	• fördert alle drei Commitment- Komponenten • Wirkrichtung auf affektives und normatives Commitment kann durch kommunizierte Wertschätzung erhöht werden
Sabbatical	✓	✓	• fördert vorrangig affektives und normatives Commitment